公認心理師・臨床心理士大学院対策

鉄則10 & キーワード25

心理統計編

河合塾KALS 監修
宮川 純 著

講談社

本書は，2015 年に小社より刊行した『臨床心理士指定大学院対策　鉄則 10 ＆キーワード 25　心理統計編』の改題・改訂書籍です。

はじめに

よく「わかる」心理統計の本は、たくさん出版されています。
しかし大学院入試に**「受かる」ための心理統計の本**は、ほとんど出版されていません。ですから本書は、徹底的に「受かる」ための心理統計本を目指しました。ここで疑問に思う人がいるかもしれません。

「わかる勉強」と「受かる勉強」は同じなのでは？

確かに重なる部分は多いです。しかし完全に一致せず、右の図のような特徴になります。最も重要な部分はBです。「わかる」が「受かる」に直結する。ここについては、言及する必要はないでしょう。問題はAとCです。

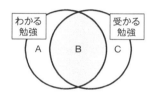

まずAについてです。ここには、以下のような内容が含まれます。
- Σ記号などを用いた、複雑な計算処理
- excelやSAS、SPSS、Rなどの統計ソフトの使用法
- 上記計算処理や、統計ソフトなどを用いた試行錯誤的な解決

複雑な計算を処理してはじめて「わかる」こと、実際に統計ソフトを使ってはじめて「わかる」こと、試行錯誤的にさまざまな計算や分析を試してみてはじめて「わかる」こと。これらのすべては、**統計を「わかる」ために、非常に重要な過程**です。しかしこれらはすべて、多くの時間を要するという共通した特徴があります。大学院入試の多くは**90分から120分**の試験であり、「限られた時間内」で「一定の成果を残す」ことが求められます。そのため、大学院入試において**多くの時間を要する複雑な計算処理や、試行錯誤的な解決が求められることは、限りなく少ない**のです。もちろん試験会場で、統計ソフトを使うこともありません。Aの勉強は「受かる勉強」ではないのです。なお、大学院修了後の**臨床心理士資格試験**や、**公認心理師国家試験**においても、**Aの勉強は求められません**。

ではCの勉強には、どのようなものがあるでしょうか。
- （理解は多少曖昧でも）統計用語の定義を述べられる。

iii

・（数字をどうやって算出したかはともかく）算出された数字を解釈できる。
・解釈の注意点を意識して論述できる。
・（原理はさておき）どんな時にどんな分析を用いるか判断できる。

　完全に専門家に怒られてしまいそうな，「表面的」で「浅い」内容ですね。しかし，本書ではこれらの学習を悪とみなしていません。

　統計の「本質」を理解するために，算出された数値がどのような過程を経て生まれたものなのか，自らの手と頭を使って考えることは確かに必要でしょう。しかし，その手計算の煩雑さと困難さに苦しむあまり，本来の目的を見失い，ただの「作業」に終わってしまったり，統計そのものの学習を挫折してしまったり…そんな学生を多く見てきました。非常にもったいない話です。

　必ずしも**「わかる」→「受かる」の流れでなくてもよい**と思うのです。家電製品の説明書をいきなり読む人が少ないように，ある程度家電を使ったあとの方が説明書の内容が理解しやすいように，「受かる」ための表面的な理解から入って，大学院に合格してから入学するまでに，ゆっくり「わかる」学習に取り組んでもいいのではないでしょうか。

　よって本書は，Ｂを充実させるのはもちろん，Ｃの部分も意識的に充実させ，試験に必要ないＡの部分は徹底的にカットする，という方針で作成されています。そのため絶対に，**本書で統計を「わかったつもり」にはならないでください。**ただし本書を使いこなして頂ければ，**統計問題が出題されたとしても「受かるつもり」になって頂ける**ことを約束します。

　なお，本書は心理系大学院入試をメインターゲットにしていますが，大学院修了後の臨床心理士資格試験や公認心理師国家試験に向けて，心理統計の知識や考え方をコンパクトに確認する目的でも，十分役に立つものと思われます（p.172からの定義リストなど）。ぜひご活用ください。

　最後に，いつも的確なアドバイスを頂ける講談社サイエンティフィクの三浦洋一郎様，河合塾の森靖義様，横田理恵様，素敵なイラストや図解を添えてくれたかわい君，そして，本書のために入試問題の使用を快諾して下さった各大学院の担当者様と先生方に，この場を借りて深く御礼申し上げます。

2018 年 6 月

河合塾 KALS　宮川　純

公認心理師・臨床心理士大学院対策
鉄則10＆キーワード25
心理統計編

目 次

はじめに　iii

第1部　心理統計・研究法の学習法　鉄則10　1

解答形式詳細　13

第2部　心理統計・研究法　入試突破のためのキーワード25　17

例題1　心理学研究法　19
1　尺度水準　20
2　心理学の研究法　24
3　縦断研究と横断研究　30

例題2　信頼性と妥当性　35
4　信頼性　36
5　妥当性　40

例題3　記述統計法　47
6　度数分布表　48
7　代表値　52

例題4　標準化　57
8　標準偏差と正規分布　58
9　標準化と偏差値　62

例題5　2変数の関連　67
10　相関係数　68
11　相関関係と因果関係　72

v

例題6	内的・外的妥当性	79
	12　内的妥当性	80
	13　外的妥当性	84

例題7	統計的仮説検定	91
	14　統計的仮説検定	92
	15　第1種・第2種の誤り	96

例題8	平均値の差の検定	103
	16　t検定	104
	17　分散分析	108
	応用問題1	113

例題9	要因計画法	115
	18　要因計画法	116
	19　2要因分散分析	120
	応用問題2	126

例題10	因子分析	131
	20　因子分析	132
	21　因子軸の回転	138

例題11	回帰分析	143
	22　回帰分析	144
	23　重回帰分析	148

例題12	カイ2乗検定	155
	24　カイ2乗検定	156
	25　自由度	160
	応用問題3	165

総合問題		167

付録	心理統計・研究法用語　定義リスト	172

イラスト：かわいしんすけ

※本書において，臨床心理士と公認心理師を総称して「心理専門職」，臨床心理士指定大学院と公認心理師カリキュラム対応大学院を総称して「心理系大学院」とよんでいます。

第1部

心理統計・研究法の学習法
鉄則10

　第1部では，過去の心理系大学院入試において，心理統計・研究法分野のどのような内容が，どのような形式で出題されているのか，データベースを作成し，徹底した出題傾向分析を行っている。そのデータベースと出題傾向分析をもとに，「心理統計・研究法を，どのように学習したらよいのか」10の鉄則という形でまとめた。

　心理統計・研究法は，心理学の中でもかなり勉強しにくい領域である。だからこそ，入試において得点差がつき，合否を分けるポイントとなりやすい。ぜひ，10の鉄則に基づき効果的な勉強を進め，心理系大学院の合格を勝ち取ろう。

心理統計・研究法　合格への10の鉄則

鉄則①	計算は，できなくてもいい
鉄則②	すべての基本は，用語論述
鉄則③	過去問をチェックし，学習計画を立てる
鉄則④	信頼性と妥当性は，最優先
鉄則⑤	用語論述の"型"をおさえる
鉄則⑥	用語は，使えなければ意味がない
鉄則⑦	「定番のミス」を知る
鉄則⑧	"見た目"に圧倒されない
鉄則⑨	心理学の論文も，教材となる
鉄則⑩	統計と研究の必要性を，認識しておく

鉄則① 計算は，できなくてもいい

　心理統計の勉強といえば，複雑な計算と数式…と思う人は多いだろう。心理統計を勉強しなくては…と専門書を開いても，多くの計算と数式に圧倒されて，断念してしまった人もいるにちがいない。だが，臨床心理士指定大学院に合格することだけを考えたならば，心理統計の勉強に計算は，ほぼ必要ない。

　右の表1-1を見てみよう。過去3年間の心理系大学院で出題された心理統計・研究法の問題を解答形式で分類したものだ（解答形式の詳細はp.13）。見てわかる通り，**圧倒的に計算問題は少なく，全体の約2％**しかない。

　しかもこの2％の多くは，限られた試験時間で解くことができるように，平均値や標準偏差など計算しやすい内容について，しかも比較的計算しやすい数字で構成されていることが多い。√やΣなどの特殊記号を使った計算は，ほとんどない。もちろん複雑な計算がまったく出題されないわけではないが，そういった問題が出題されたとしても，ほとんどの受験生は計算が追いつかず，

表1-1　心理系大学院入試
心理統計・研究法の解答形式分類

解答形式	出題数	％
用語論述	195	38.0
総合論述	141	27.5
データの解釈	55	10.7
計算処理	12	2.3
用語穴埋め	51	9.9
選択肢・正誤判断	59	11.5
ALL	513	100.0

（2011～2013の3年分。分析対象校はp.12）

計算、すくない!!

計算ができなくても
十分受かるんだよ！

仮に追いついたとしても，他の問題に取り組む時間がかなり失われる。結果として，**複雑な計算を要する問題は，合否を分ける問題にはならない。**

　本書では，数式や計算を「**心理系大学院入試に最低限必要な内容のみ**」に留めた。仮に統計的に重要な内容であったとしても，ほとんど入試で出題されていない内容や，出題されたとしても試験時間内で取り組むことが難しい内容は，大胆に割愛している。上記の通り，心理系大学院入試では，計算が出題されることそのものが少ない上に，仮に出題されていたとしても，本書の内容で十分に対処できることだろう。

すべての基本は，用語論述

鉄則②

心理系大学院入試の心理学試験で，最も出題率が高いのは，さまざまな心理学の用語について説明させる「用語論述」である。

このことは，心理統計・研究法の分野でも変わらない。表1-2の解答形式の分類表でも，**圧倒的に多いのは用語論述**（38.0%）だ。心理統計・研究法を学ぶにあたり，最も重視すべきは用語論述となる。

さらに表2を見てみよう。この表は「1つの入試問題の中で，心理統計・研究法の問題が用語論述のみだった入試問題」の割合を示している。つまり大学院入試で，仮に心理統計・研究法の出題があったとしても，**約35%は，用語を説明させるだけの問題しか出題されていない**のだ。

大学院によっては，心理統計・研究法の問題が，完全に「用語論述しか出題しない」学校もある。過去問でこういった傾向を見つけることができたならば，より心理統計・研究法の勉強を効率的に進めることができるだろう。

表1-2　心理系大学院入試 心理統計・研究法の解答形式分類

解答形式	出題数	%
用語論述	195	38.0
総合論述	141	27.5
データの解釈	55	10.7
計算処理	12	2.3
用語穴埋め	51	9.9
選択肢・正誤判断	59	11.5
ALL	513	100.0

（2011〜2013の3年分。分析対象校はp.12）

表2　心理統計・研究法分野について 用語論述のみ出題した試験の割合

出題形式	試験数	%
用語論述のみの出題	87	35.2
用語論述のみではない	160	64.8
ALL	247	100.0

（2011〜2013の3年分。分析対象校はp.12）

また，用語論述の勉強で得た知識は，必ず総合論述やデータ解釈の問題でも反映される。**心理統計・研究法の勉強はまず，さまざまな統計・研究法用語を理解し，自分の言葉で論述できるようになることから**はじめよう。本書の巻末には心理統計・研究法用語の定義リストがあるので，それもぜひ活用してもらいたい。

鉄則③ 過去問をチェックし，学習計画を立てる

　心理系大学院受験を考えるにあたり，志望校が決定したらできるだけ早めに過去問を入手し，目を通しておきたい。とくに心理統計・研究法が「どのレベルまで出題されるか」確認しておき，**どれくらいの時間を心理統計・研究法の勉強に割くべきか，計画を立てるべき**だ。以下の表3を目安に，志望校の過去問の解答形式をチェックしてみよう。

表3　心理統計・研究法　過去問分析

対策しやすい！

対策しにくい…

LV1	選択肢問題のみの出題である。
LV2	用語穴埋めが出題されている。
LV3	用語論述が出題されている。
LV4	データを解釈する問題が出題されている。
LV5	総合論述が出題されている。
LV6	正誤判断の問題が出題されている。
LV7	計算処理を要する問題が出題されている。

　表3は，志望校の問題を見て，データ解釈の問題が含まれていたらLV4と判定する…という形で使おう。解答形式の詳細はp.13以降も参照してほしい。どの問題が心理統計・研究法の用語がわからない場合は，巻末の心理統計・研究法用語の定義リストを活用しよう。

　低いLVならば，心理統計・研究法の勉強に割く時間は少なくて済みやすい。他の分野の勉強に十分な時間をかけられるだろう。逆にLVが高い場合，心理統計・研究法の勉強に割く時間をできるだけ多めに確保しておきたい（もちろん，これらは目安にすぎないが）。

　勉強時間の確保には，何よりも早めの学習スタートが重要となる。だが，心理統計・研究法に時間を割かねばならないことを，試験直前に気づいても間に合わない。だからこそくり返すが，**志望校が決定したら，早めに過去問に目を通しておきたい**。早めの確認が，学習計画につながる。目安として，LVが高い場合は可能であれば**受験の1年前**から。LVが低い場合でもできれば**受験の半年前**から，心理統計・研究法の勉強を始めておきたい。

鉄則④ 信頼性と妥当性は，最優先

　以下のグラフを見てみよう。これは，過去３年間の心理系大学院入試における，心理統計・研究法分野のキーワード登場数である。

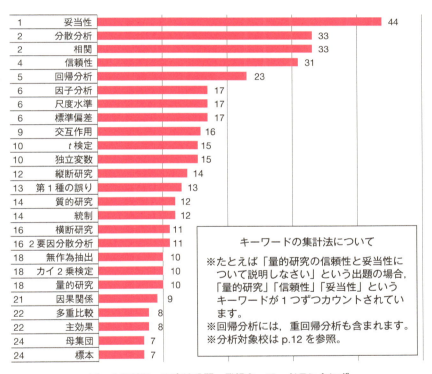

図　心理統計・研究法分野　登場キーワードランキング

　最も多いキーワードは妥当性だ。類似概念である信頼性の出題率も高い。特に**この信頼性と妥当性は，心理統計・研究法分野の出題が少ない大学院でも，用語論述として出題されることが多い**。何よりも優先的におさえておきたい。
　他のキーワードについても，心理統計・研究法に十分な勉強時間を準備できない時や，試験直前の最終確認を行う場合は，まずこれらランキング上位のキーワードを優先的に確認するとよいだろう。

鉄則⑤ 用語論述の"型"をおさえる

　鉄則①・②でも触れたように，心理統計・研究法分野であっても出題率が最も高いのは「用語論述」である。基本的な"型"は以下のようになる。まず初学者は，「Ⅰ 用語の定義」を書けるようになるところからはじめよう。

Ⅰ　用語の定義
「○○とは〜である」の形式で，用語の定義を簡潔に1文で述べる。最も重要な部分。定義が不明確だと，用語の意味を理解していないのではないかと判断されやすい。

Ⅱ　特徴・利点欠点・例・関連用語など
　ボリュームゾーンとなる部分。さまざまな特徴，利点欠点などを述べていく。字数を増やしたい時は，例を挙げてみたり，関連用語を挙げてその関連用語との比較を行ったりすることが有効。

Ⅲ　まとめ
　用語がどういった目的で使われるか，どんなことに注意すべきかなど，なんらかの形で読む者に示唆をもたらす内容が望ましい。ただし，示唆するような内容が無いときに，無理に示唆を述べる必要はない。

(例)「信頼性」に関する用語論述

Ⅰ　用語の定義
「○○とは〜である」の形を意識しよう。

　信頼性とは，測定値が偶然や測定誤差によって影響を受けない程度を示す概念で，追試による安定性・一貫性のことである。

Ⅱ　特徴・関連用語
「同一対象に対して〜」の文は，特徴を紹介している。後半は，α係数という関連用語を挙げて，信頼性をより深く説明している。

　同一対象に対して追試をくり返した場合，毎回安定した結果が得られれば「信頼性が高い」，大きく結果が変動すれば「信頼性が低い」と判断する。信頼性を測定する方法には，再テスト法や平行テスト法，折半法などさまざまな種類があるが，項目間の内的整合性を検討するα係数という指標が，現在では最も多く用いられている。

Ⅲ　まとめ
求められていることや注意点は締めとして使いやすい。

　心理測定では，この信頼性だけでなく，測定の的確さである妥当性も，ともに高いことが望ましい。

鉄則⑥ 用語は，使えなければ意味がない

　どんなに有効な道具であっても「どんな場面で有効か」知らないと，うまく活用できない。同様に，心理統計・研究法の用語も，**用語の定義だけでなく「どんな場面で有効な用語か」**を必ず確認しながら，理解を進めるようにしよう。

　たとえば，2群の平均値の差が有意差であるかどうか検定したい時に，どんな統計的分析を使うだろうか？　ここで素早く「t検定」と出てくるか否かは，やはり合否を分けるポイントになる。データ解釈や総合論述が出題された際に「この問題内容は，2つの平均値の差を比較すればよいから…t検定に関する知識を軸にして述べればいいな！」と判断することができるからだ。結果としてそのことが，的確なデータ解釈や質の高い論述につながることは間違いないだろう。

表4　こんな時に，こんな統計・研究法用語（一例）

こんな時に	こんな用語
データを数量化して研究を進めたい時	量的研究
データを数量化せずに研究を進めたい時	質的研究
追跡調査して発達的変化を研究したい時	縦断研究
追跡調査せずに発達的変化を研究したい時	横断研究
データの信頼性を測定したい時	α係数
2つの変数の関連の強さが知りたい時	相関係数
2群の平均値の差を検定したい時	t検定
3群以上の平均値の差を検定したい時	分散分析
複数の項目を圧縮・整理・分類したい時	因子分析
複数の独立変数の影響力の違いを検討したい時	重回帰分析
カテゴリーの人数の偏りを検討したい時	カイ2乗検定

鉄則⑦ 「定番のミス」を知る

　心理統計・研究法の分野では，しょうゆとソースを間違えて使ってしまうような，いわゆる「お約束の定番ミス」がいくつか存在する。たとえば「相関しか存在しない2つの変数を，因果関係として解釈してしまうこと」が定番のミスの代表例としてあげられる（詳細は，p.72「11　相関関係と因果関係」で）。

　このような「定番のミス」を知っておくことは，2つの意味で効果がある。第1に，**自分の論述ミスを防ぐ**ことができる。採点者もまずは「定番のミス」をしていないか，チェックするにちがいない。第2に，**自分の論述の材料**として活用できる。「相関関係だけでは，因果関係として解釈できないので，注意すべきである」など，注意点を示唆する形で論述を締めれば，文章のまとまりがよくなる。

　以下に代表的な「定番のミス」を挙げておくので，活用してほしい。

表5　心理統計・研究法における「定番のミス」の代表例

詳細	定番のミス
p.53	外れ値で歪められた平均値を使って，解釈してしまう。
p.62	標準化なしで，数値だけ見て大小比較してしまう。
p.72	相関関係しかないのに，因果関係として解釈してしまう。
p.81	統制が不十分で，交絡に気づかない。
p.85	無作為抽出を「自由に抽出してもよい」と解釈してしまう。
p.86	標本に対応していない母集団を想定して解釈してしまう。
p.95	帰無仮説を棄却できなかった時，対立仮説を棄却してしまう。
p.104	統計的検定なしで，数値の差だけ見て有意差を解釈する。
p.108	分散分析で帰無仮説棄却後，すべての平均に差があると解釈する。
p.112	t検定で有意差が認められない時，平均が等しいと解釈する。
p.112	有意水準5%よりも1%の方が，大きい有意差と解釈する。
p.151	重回帰分析を使えば，因果関係が想定できると解釈する。
p.151	重回帰分析で，相関が強い2変数を独立変数として使用する。
―	自分には「心理統計は無理だ」とあきらめてしまう。

鉄則⑧ "見た目"に圧倒されない

　p.155 の例題 12 を少しだけ見てみよう。大きな表に多くの数字，たくさんの文章で「もう無理だ！」と思わせるのに十分な問題だ。では，この問題，果たして超難問なのだろうか。

　この問題はA〜Hまでの空欄を埋めていく問題。詳細な解説は例題 12 の本編にゆずるが，この問題を簡単に攻略していくと，以下のようになる。

　A…心理学の知識（クレッチマーの類型論）で解ける。
　B…心理学の知識（同じくクレッチマーの類型論）で解ける。
　C…引き算で解ける（1505 から 83 と 378 と 609 を引く）。
　D…引き算で解ける（100% から 5.5% と 25.1% と 40.5% を引く）。
　E…心理統計の知識で解ける（度数の分析に用いる分析手法は？）。
　F…心理統計の知識と大変な計算が必要。捨て問か？
　G…表と文章から「なんとなく」判断可能。
　H…Gと同じく，表と文章から「なんとなく」判断可能。

ほとんど解けちゃう！

　事実上，心理統計の知識が必要な問題はEとFだけ。心理統計の知識と計算の融合を必要とするのは，Fだけである（CやDの計算は，大変といえば大変だが，一応小学生レベルなので頑張ろう）。

　仮にEの分析名を知らなかったとしても，A〜D，G，Hの6問も正解できる。分析名を知っていれば7問も正解だ。Fの1問ができなかったからといって，それだけで不合格になるということは，さすがにないだろう。ただし，**表と文章を見て「私には無理！」とあきらめてしまったならば，それは間違いなく不合格**だ。差は歴然としている。

　心理統計・研究法の問題では，数字や表・グラフ・データが示されることがある。苦手意識が強い人は，それだけで拒否反応を示してしまう。だが，**必要な部分だけ読み取っていけば，答えにたどり着ける**ことが多い。"見た目"に圧倒されず，持てる知識をどのように活用できるか考えながら，必要な情報を抽出して考えよう。

む、無理じゃないもん!!

その姿勢が大事！

鉄則⑨ 心理学の論文も，教材となる

　心理統計・研究法の知識は「学んだだけ」ではなく，使える状態にして初めて意味があることは，鉄則⑥で触れた通りだ。そこで，心理統計・研究法をある程度勉強したら，得た知識がどのような形で実際に活用されているのか，**心理学の論文を読んで確認**してほしい。

　とはいえ，初学者の人はとくに，心理学の論文を手にとったとしても，うまく読み取れずに混乱してしまうこともあるだろう。そこで初学者の人に，オススメの論文の読み方を紹介する。

　論文は大きく「要約」「問題と目的」「方法」「結果」「考察」「引用文献」の6パートで構成されている。そのうち，**最初に「要約」「問題と目的」「考察」の3つだけ目を通そ**う。「方法」と「結果」は統計的な記述が多く，いきなり読んでも混乱を招きやすい。そこで，先に「問題と目的」と「考察」を読んでおき，「この考察は，どんな分析方法の，どんな結果から導かれたんだ？」という**問題意識をもった部分について，「方法」や「結果」を選んで読めばよい**。いきなり「方法」や「結果」を読むより，かなり読みやすくなるはずだ。もちろんこのときに「心理統計・研究法の勉強で学んだあの知識が，こういう場面で使われて，こういう解釈に使われるんだ！」と読み取れれば最高だ。

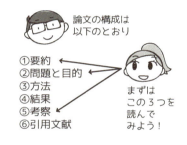

　また，過去問でデータ解釈の問題が頻繁に出題されていたならば，論文中の図や表にも目を通す癖をつけておきたい。論文の図や表からどのような考察が導かれているか読んでおくことは，必ずデータ解釈の問題を攻略する手がかりとなるはずだ。ぜひ，論文を教材としてうまく活用しよう。

鉄則⑩ 統計と研究の必要性を，認識しておく。

「臨床心理士になりたいのであって，研究がしたいわけではない」

臨床心理士を目指す人が，つい口にしてしまいがちな言葉だ。だが，残念ながら，この言葉を安易に口にするようならば，臨床心理士を目指すべきではないのかもしれない。

なぜならば，臨床心理学的な介入は，経験や感覚によるものではなく，**統計と研究によって示された科学的な根拠に基づくもの**だからだ。例えば，心理療法の治療効果を，どうやって科学的に示せるだろうか。「何となく良くなっているようです」では，誰も納得しない。だからこそ，データを用いて統計的に説明することが必要となる。

統計や研究を軽視し，自身の経験と感覚だけに頼って活動する臨床心理士は，臨床心理士とは呼べない。その証拠に，日本臨床心理士資格認定協会の定める臨床心理士の４領域の中には，「臨床心理査定」「臨床心理面接」「臨床心理的地域援助」と並列する形で「調査・研究活動」が位置づけられている。また，臨床心理士の資格を更新するために，学会などの参加が義務づけられている。**臨床心理士は，研究に基づく活動をしている**からこそ，心理系の資格の中でも比較的高い評価を得ているという見方もある。

また，公認心理師法で示された公認心理師の４つの業務に「調査・研究活動」は明記されていないものの，公認心理師カリキュラムには「心理学研究法」「心理学統計法」「心理学実験」が含まれており，さらに公認心理師国家試験に，これらの内容が出題されることはすでに公表されている。つまり，**公認心理師にも統計や研究は必要**なのだ。

「合格のために，仕方なく統計を勉強する」それもまた，勉強のモチベーションをつくる１つの考え方だろう。だが，きっと長続きしない。

「心理専門職に，統計と研究は必要である」このことをしっかり認識していれば，統計や研究に対する勉強を**未来への投資・キャリアアップと位置づける**ことができる。心理専門職を目指すということは「研究に基づいた臨床活動を目指すことである」と認識し，心理統計・研究の勉強に対する高いモチベーションをつくっていこう。

入試問題・分析対象校一覧

　本書の鉄則 10 で用いられている表や図のデータは，以下の心理系大学院における 2011 年度入試から 2013 年度入試までの，過去 3 年間の入試問題を分析して作られたものである。

愛知教育大学 / 愛知淑徳大学 / 青山学院大学 / 跡見学園女子大学 / お茶の水女子大学 / 桜美林大学 / 大妻大学 / 大妻女子大学 / 大阪大学 / 大阪市立大学 / 大阪樟蔭女子大学 / 大阪府立大学 / 追手門学院大学 / 関西大学 / 神奈川大学 / 川村学園女子大学 / 学習院大学 / 京都ノートルダム女子大学 / 京都学園大学 / 京都教育大学 / 京都光華女子大学 / 京都女子大学 / 京都文京大学 / 金城学院大学 / 岐阜大学 / 駒沢大学 / 駒沢女子大学 / 甲子園大学 / 甲南大学 / 甲南女子大学 / 国際医療福祉大学 / 国際基督教大学 / 神戸大学 / 神戸学院大学 / 神戸女学院大学 / 神戸松蔭大学 / 神戸親和女子大学 / 首都大学東京 / 淑徳大学 / 昭和女子大学 / 上智大学 / 駿河台大学 / 椙山女学園大学 / 聖心女子大学 / 専修大学 / 創価大学 / 大正大学 / 中央大学 / 筑波大学 / 帝京大学 / 帝京平成大学 / 帝塚山大学 / 東海大学 / 東海学院大学 / 東京大学 / 東京家政大学 / 東京学芸大学 / 東京国際大学 / 東京女子大学 / 東京成徳大学 / 東京福祉大学 / 東洋英和女学院大学 / 奈良大学 / 名古屋大学 / 新潟青陵大学 / 日本大学 / 日本女子大学 / 日本福祉大学 / 花園大学 / 兵庫教育大学 / 文教大学 / 佛教大学 / 放送大学 / 法政大学 / 明星大学 / 武庫川女子大学 / 武蔵野大学 / 明治大学 / 目白大学 / 横浜国立大学 / 立教大学 / 立正大学 / 立命館大学 / 龍谷大学 / ルーテル学院大学 / 早稲田大学

············· 解答形式詳細 ·············

① 用語論述

心理統計・研究法に関わる用語の説明を求める解答形式。最も出題頻度が高い。用語論述対策は鉄則⑤も参照。

【出 題 例】

心理学の研究法に関する，以下の(1)～(6)の用語を説明しなさい。

(1) 相関関係

(2) 2要因分散分析

(3) 尺度水準

(4) 横断研究と縦断研究

(5) 信頼性と妥当性

(6) 因子分析

---

② 総合論述

心理統計・研究法に関わる問題について，知識・用語を活用しながら論述することが求められる解答形式。問題内容に応じて，どの心理統計・研究法用語を使うか，関連づける力が重要となる。

【出 題 例】

ある大学院生が，教授法Aと教授法Bの教育効果を調べるために，教授法A群，教授法B群，統制群の3群に分けて教授した後の学力テストの得点を比較しようとした。「どうしても有意差を得たい」と先輩に相談したら，「ほぼ全員が偏差値50の生徒であるX高校で実験すれば得られやすいよ」と教えられた。先輩はなぜこのような助言をしたのか。また，有意差が得られたとしてどんな問題が考えられるか，それぞれ説明しなさい。

(2012 愛知淑徳大学大学院)

---

③ データの解釈

　研究結果となるデータが示され，そのデータを解釈することが求められる解答形式。与えられたデータから必要な部分だけを読み取る力が鍵となる。データの読み取りに関しては，鉄則⑧も参照。

【出 題 例】

　英語の新しい教授法Aの効果を調べるために，次の研究を行いました。以下の説明を読んで質問に答えなさい。

方　法：英語の実力テストの結果，平均点がほぼ等しい高校1年生の2クラス（各35名）を対象とした。1クラスには新しい教授法Aで英語の授業を行い，もう一方のクラスには従来の教授法Bで授業を行った。なおいずれのクラスでも，両方

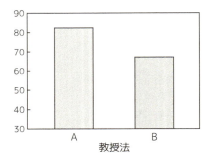

図　2回目の実力テストにおける平均得点

の教授法に精通した1名の教師が授業を担当した。2ヶ月後，1回目の実力テストと同等のテストを実施した。

結　果：2回目のテストにおける両クラスの平均得点をグラフに示した。統計的検定の結果，2クラスの得点には有意な差が認められた。

(1) グラフ及び検定結果から，新しい教授法Aの効果についてどのようなことが言えますか。

(2) 下線部の統計的検定とは具体的にどのような手法だと思いますか。

（2013　甲南女子大学大学院）

④ 計算処理

　計算処理が求められる解答形式。平均値など比較的計算しやすい問題もあるが，確率処理や高度な統計量の算出が求められることがあり，その場合は，合否を分ける問題とはなりにくい。

【出 題 例】

　某大学院の入試では，「必勝」と書いた鉢巻を締めて面接会場に入れば合格するが，そうしなければ不合格になるという噂が流れている。この噂の真偽を検証するために，4人の受験生が協力し合うことにした。2人は鉢巻を締め，2人は締めずに面接に挑むことにしたのである。その結果，鉢巻を締めた2人は合格し，2人は不合格になった。

　このような結果が偶然生じる可能性はどれか。

　ア 25.0%　**イ** 20.0%　**ウ** 16.7%　**エ** 14.3%　**オ** 正解なし

（2011　武蔵野大学大学院）

---

⑤ 用語穴埋め

　文章中に空欄があり，そこに当てはまる言葉を書き入れる解答形式。比較的対策しやすい。語群が用意されている場合は，さらに取り組みやすくなる。だが，明確な用語名を入れるのではなく，空欄に入れても不自然ではないように自分で考えて言葉を入れる場合は，難易度が上がる。

【出 題 例】

空欄A～Hにふさわしい言葉を回答欄に記入しなさい。

　「ある音楽をバックグラウンドミュージックとして流すと，食事をしている人たちの食欲が増す」という　**A**　を検証するために実験が行われた。この場合，音楽は　**B**　変数であり，消費された食事の量は　**C**　変数である。これらの因果関係を明確にするために，被験者に影響を与える照明や室温などの他の条件は　**D**　必要がある。そして，この音楽を聴かせる群を　**E**　群，音楽を聴かせない群を　**F**　群とよび，両群の食事量を比較する。両者の結果を　**G**　的に検定して　**H**　があれば，　**A**　は検証されたことになる。

（2012　駒沢女子大学大学院）

15

⑥ 選択肢・正誤判断

　選択肢から1つを選んで答えたり，文章内容が正しいか否かを判断したりして答える解答形式。正誤判断は一見簡単そうだが，正しいか否か判断しづらい問題が多く，難易度はかなり高いことが多い。

【出題例】

　次のような目的で統計処理を行う場合，最も適切と思われる方法を下記から選び，記号を解答欄に記入しなさい。

(1)　分散が等しい2つの平均値の差を比較したい。

(2)　分散が等しい3つの平均値の差を比較したい。

(3)　男女それぞれの賛成者数，反対者数に差があるか比較したい。

(4)　ある学校の生徒たちの国語の点数と数学の点数に関連があるか調べたい。

(5)　気温と湿度がどの程度アイスクリームの売り上げに影響するか調べたい。

ア 因子分析	**イ** クラスター分析	**ウ** 分散分析
エ t 検定	**オ** カイ2乗検定	**カ** 単回帰分析
キ 重回帰分析	**ク** 最頻値	**ケ** 相関
コ 行動分析		

（2013　新潟青陵大学大学院）

※本書の大学院入試問題は，各大学より許諾を得た問題のみを掲載しています。

※「解答形式詳細」で紹介した問題の解答例は，以下を参照。

　① 各用語解説のページを参照。　② p.90 の解答・解説を参照。

　③ p.114 の解答・解説を参照。　④ p.102 の解答・解説を参照。

　⑤ p.89 の解答・解説を参照。　⑥ p.167 の解答・解説を参照。

※本書における入試問題の解答例は，すべて本書が独自に作成したものであり，大学院発表の正式なものではありません。

第2部

心理統計・研究法
入試突破のためのキーワード25

　第2部では，第1部で紹介した出題傾向分析をもとに，心理統計・研究法分野を攻略するためのキーワードを25個に厳選し，紹介する。その際，ただキーワードを紹介するだけではなく，実際の大学院入試でどのような形で出題されているのか実感して頂くために，毎回必ず，キーワード紹介の前に例題という形で大学院入試問題を紹介している。ぜひ**例題に目を通してから，各キーワードの解説を読んで頂きたい**。学んだ知識が，入試で生かされることを実感しながら，学習を進めることができるだろう。また，キーワード紹介の後には確認問題を用意している。ここにも大学院入試で出題された問題が用意されている。ぜひ**学んだ知識を，大学院入試でも使えるよう，確認問題にも取り組んでほしい**。

第2部の使い方

第2部は，大きく分けて以下の3つのパートで構成されています。

❶ 例題

心理系大学院で実際に出題された入試問題を中心に紹介しています。初見の段階で問題が解ける必要はありません。しかし**「この問題が解けるようになるためには，何を学ばなければならないのか？」を確認する**という，非常に重要な役割を果たしています。**キーワード解説を読む前に，解かなくてもよいので，必ず例題に目を通してください。**

なお，例題は長めの論述が求められたり，データの読み取りが求められたりなど，**比較的時間をかけてじっくり取り組む問題**を中心に選んでいます。そのため，本書を一通り学び終えた後の，実戦練習として例題を使うことも有効です。

❷ キーワード解説

心理統計・研究法に関する重要キーワードを紹介しています。例題に目を通していることを前提とする文章や，実際に例題で示されているデータや内容の解説が進められることが多いため，**必ず例題に目を通してから，キーワード解説を読んでください。**

しかし，MORE!! というコーナーは，旧帝大など，より「深い」心理統計の知識を必要とする大学院を受験する人向けの内容です。初学者の方や，心理統計が苦手な方は，飛ばして読んでもかまいません。

❸ 確認問題

各キーワードに対し，理解を確認するための確認問題が毎回ついています。ぜひキーワード解説を読んで終わりではなく，実際に問題を解くことで理解を定着させたり，理解があいまいだった部分を学び直してみたりしてください。なお確認問題は，**電車の中など移動時間でも，比較的短時間で取り組めるような問題を中心**に用意しています。

また，応用問題がついている場合もあります。位置づけは「チャレンジ問題」です。MORE!! 同様，初学者の方や苦手な方は後回しでもかまいません。より深い理解が求められる人は，ぜひチャレンジしてみてください。

例題1 心理学研究法

【問】（1）以下は，心理学でよく用いられる質問紙調査の一部である。この質問紙調査の評定値は，4つの尺度水準のうちのどれにあたると考えられるか，理由とともに述べなさい。

あなたは，人の心の動きに敏感である。
5　あてはまる
4　ややあてはまる
3　どちらともいえない
2　ややあてはまらない
1　あてはまらない

（2）心理学研究法のなかから2つの研究法を取り上げ，それらの研究法の特徴と留意点について600字以内で論じなさい。

（2011　椙山女学園大学大学院〈（2）のみ〉）

例題1の攻略ポイント

・（1）は絶対の正解が存在しない。「どの尺度水準か」ということより，「選んだ理由を適切に述べられたか」が決め手になる。そのためにもまず，4つの尺度水準の特徴を正しく理解することからはじめよう。
・（2）についても，心理学の研究法はたくさんあるため「どの2つを選んだか」よりも「なぜその2つを選んだか」が重要となる。さまざまな心理学の研究法について，特徴を整理しながら理解するところからはじめよう。

▶ 用語解説は次ページから　▶ 解答例は p.34

例題1 心理学研究法 ▶▶▶ 難易度 ★★☆

01 尺度水準

scale level

学習のポイント
- □ 比率尺度・間隔尺度・順序尺度・名義尺度，まずこの4つの理解を。
- □ 等間隔性や絶対原点など，区別の基準をおさえよう。

About this word

　数といっても，実はさまざまな種類があります。まずは以下の表1を見てください。それぞれ左側にある値を3倍したものが，右側の値です。それらの意味するところは…？

表1　さまざまな数

①	長さ	2cm →	6cm	2cmの3倍の長さ
②	温度	2℃ →	6℃	2℃の3倍の暑さ？
③	順位	2位 →	6位	2位の3倍の順位？
④	番号	ゼッケン2番 →	ゼッケン6番	2番の3倍の番号？

　同じ「2」と「6」を使っていても，まったく意味が異なることがわかると思います。そして，図1からもわかるように，「3倍」として機能しているのは①だけですね。**同じ数でも，その使い方によって，性質や意味が異なります。** そこで本項では，さまざまな意味をもつ「数」を，さまざまな視点から分類していきます。

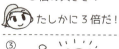

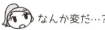

図1

■ 量的変数と質的変数

数は、ある決まった値のみを示す**定数**と、さまざまな値に変動する**変数**に分類されます（図2）。

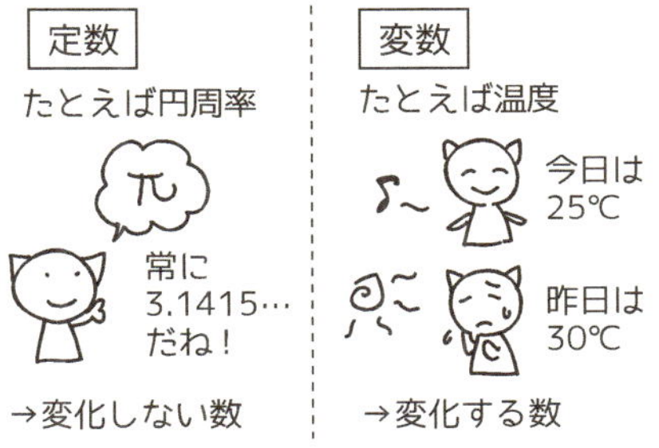

さらに変数は、計量を目的とした**量的変数**と、分類を目的とした**質的変数**に分類されます（量的変数はその性質から**計量データ**、質的変数は**カテゴリーデータ**とよばれることもあります）。

量的変数と質的変数は等間隔性の有無によって区別されます。長さの場合、図3のようにcmという長さの目盛りがあり、これらの目盛りによって等間隔性は保証されています。このように等間隔性をもつことで計量を可能とする変数が、**量的変数**です。

対して順位の場合、順位を測る目盛りはなく、図3のように各順位の間が等間隔とは限りません。このように等間隔性をもたず、分類を目的として用いられる変数を、**質的変数**といいます。

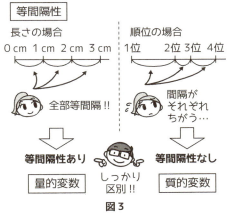

図2

図3

表1における①・②は量的変数、③・④は質的変数に相当します。

■ 4つの尺度水準

量的変数と質的変数を、さらに細かく**比率尺度・間隔尺度・順序尺度・名義尺度**の、**4つの尺度水準**に分類することができます。

量的変数は、絶対原点の有無で区別されます。**絶対原点**とは、何も存在しないことを示す0のことです。そして、量的変数のうち、絶対原点をもつ変数を**比率尺度**（比例尺度・比尺度）、量的変数のうち、絶対原点をもたない変数を**間隔尺度**といいます。

たとえば次ページの図4のように、長さの0cmは、何も存在しないことを示す絶対原点です。そのため長さは比率尺度です。しかし温度の0℃は、まったく温度の存在しない状態ではないため、絶対原点ではありません[1]。よって、温度

---

1 まったく温度がない状態を示す「絶対零度」を用いた絶対温度ならば、比率尺度として扱われます。

は間隔尺度です。

比率尺度は、統計処理に最も適しています。間隔尺度は平均などの代表的な統計的処理は可能であるものの、図1の②のように直接的な乗除（かけ算・わり算）は意味をなしません。

質的変数は大小関係の有無で区別されます。質的変数のうち大小関係をもつ変数を順序尺度、大小関係をもたずに純粋な分類のみを表す変数を名義尺度といいます[2]。

たとえば図5のように、順位は1位・2位・3位という大小関係があるため順序尺度です[3]。ゼッケン番号は大小関係を表すものではないため名義尺度です。このように、順序尺度・名義尺度ともに質的変数であるため、**計量・計算はできません。**

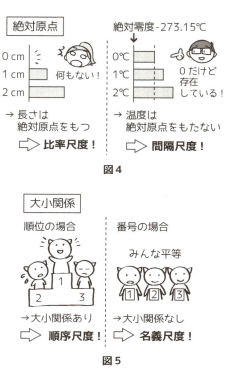

図4

図5

■ 評定値の注意点

例題1（1）のように、「あてはまらない－あてはまる」といった評価に対してそれぞれ得点を割りふることで、評価を数量化する方法を**リッカート法**といいます[4]。また、例題1（1）のように、1～5の数値を割りふる場合は**5件法**といいます。1～7までならば7件法です。

ではリッカート法は、4つの尺度水準のうちどれにあたるのでしょうか。ここで、**等間隔性**に注目します。図6のA君のように、なかなか「あてはまる！」と答えられない人にとっては、5は遠い位置にあり、4と5の間隔は他の間隔よりも広いと考えられます。逆に自信家で、何でも「あてはまる！」と考えてしまう、図6のB君のような人にとっては、1は非常に離れたところにあるに違いありません。このように、**リッカート法による尺度は、等間隔性が確保されていない**質

---

2 性別を男性0、女性1として入力したり、学部について文学部1、教育学が2…というように入力したりします。これも名義尺度にあたります。
3 ゼッケン番号が、申込順などを反映する場合は順序尺度といった方が適切です。本文では、ゼッケン番号がまったくのランダムで割り当てられているという仮定に基づいています。
4 リッカート法と類似した数量化の方法に「明るい－暗い」「早い－遅い」といった一対の形容詞を用意し、どちらに近いかを5件法や7件法などで評定させるSD法があります。

的変数であり，大小関係のみを示す順序尺度にすぎないと考えることができます。

ここで，疑問が生じます。順序尺度は計算ができないはず。しかし実際には，これらの質問紙から得た評定値を集計し，平均値を求めたりさまざまな分析をかけたり…といった処理が行われている。どういうことでしょう？

これは，順序尺度のデータを，間隔尺度と仮定した上で統計処理を施しているのです。等間隔性を仮定しないかぎり統計処理ができないため，今日も（とくに心理の分野では）評定値を間隔尺度と仮定したうえで，さまざまな統計処理が行われています。よって，**質問紙の評定値に対する過信は禁物**です。

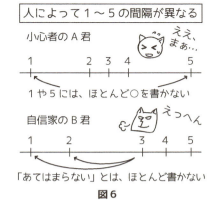

図6

たとえば，アンケートにあらかじめ目盛りをつけて，等間隔を意識させるという工夫もあります。

1. 人の心の動きに敏感である。　1 ② 3 4 5
2. みそ汁は赤だしに限る。　1 2 3 ④ 5

例題1 心理学研究法

MORE!!

無神経に5をつけるような人より，やや遠慮がちに4をつける人の方が「人の心の動きに敏感」な可能性も，十分に考えられます。そうすると，5段階評価は大小関係すら表しておらず，名義尺度にすぎない…と考えることも可能です。

尺度水準 まとめ

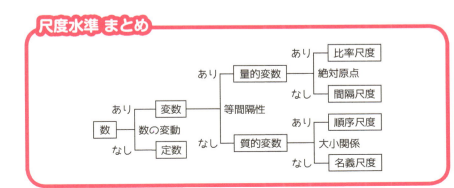

23

例題 1 心理学研究法 ▶ ▶ ▶ 難易度 ★ ★ ☆

02 心理学の研究法

study of psychology

学習のポイント
- □ 心理学をどのように研究していくか，さまざまな視点でとらえよう。
- □ 心理統計の出題がない学校でも頻出。整理して理解したい。

About this word

　本項では心理学の研究法について，さまざまな視点から分類して紹介します。**心理統計が出題されない大学院でも頻出**の内容です。分類の視点を明確にし，混同しないように整理しながら学習していきましょう。

■ 研究の目的による分類

　1879 年の<u>ヴント</u>による**世界初の心理学実験室の創設**以降，心理学では，客観的で実証性をもったデータを基に，心に関する一般法則を見つけ出すことに重きを置いてきました。このような，<u>人間の心や行動に関する一般法則を導き出すこと</u>を目的とする研究を，**法則定立的研究**といいます。

　法則定立的研究は近年まで心理学研究の中心でした。しかし一般法則が，すべての人にあてはまるとは限らないという批判が集まるようになります。その流れの中で，とくに発達心理学や臨床心理学の分野で注目が集まりはじめた研究が，個性記述的研究です。

　個性記述的研究では，<u>時間の経過とともに変化する特定の個人を，ありのまま記述していくこと</u>を目的とします。とくに**事例研究**が，この個性記述的研究の代表例としてあげられます。事例研究で得られた知見は，あくまで「ある個人のクライエントの変化」であるため，その結果を<u>多くのクライエントに一般化すること</u>は難しく，<u>異なる事例どうしの比較</u>も単純にできません。しかし，一般法則ではとらえきれない<u>クライエントの細かい変化や主観的体験（悩み・困難）</u>を，総合的に理解することが可能です。

　法則定立的研究と個性記述的研究，それぞれの特徴を表 1 にまとめます。

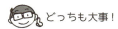

図1

表1 研究目的による分類

	法則定立的研究	個性記述的研究
目的	一般的な法則を導く	各個人を細かく記述する
欠点	法則が適用されない場合がある	一般化や各個人の比較が困難

■ データの収集法による分類

　研究を進めるためのデータの収集法は大きく分けて，実験法・質問紙法・観察法・面接法の4種類に分類されます。

① 実験法

　実験法とは，独立変数のみ異なり，他はすべて統制された2群を用意し，従属変数の比較を行う手法です[5]。

　暴力映像が攻撃性に与える影響を検討するため，以下のような実験が行われた。被験者をA群とB群に分け，A群には暴力的な映像を，B群には風景の映像を見せた。その後，被験者の攻撃性を測定し，A群とB群に違いがあるか検討した。

　映像（**独立変数**）の違いによって，攻撃性（**従属変数**）に変化が現れたならば，その原因は映像の違いと考えられます。このように，実験法によるデータ収集は，因果関係を明らかにできることが利点です。ただし，実験という特殊な環境で起こったことが，現実場面でも必ず起こるとは言い切れません。このように，実験法から得られた知見については，実験環境特有のものであり，現実場面には適用できないという批判があります。

---

[5] 独立変数・従属変数，統制など，実験法に関わるさまざまな用語は，p.80「12　内的妥当性」で詳しく紹介しています。

② 質問紙法

質問紙法とは，質問紙を配布しそこに記入を求めることで，データを集める手法です。

> インターネットの利用頻度と衝動的な暴言の頻度の関連を調査するため，インターネット利用頻度と，衝動的な暴言の頻度を問う質問項目を作成した。完成した質問紙は，大学の講義の場を借りて大学生達に配布され，その場で記入を求め，質問紙を回収した。

質問紙法は，実験法と比較して実施が容易で，しかも多くの人数からデータを集めることができるため，広く用いられています[6]。

質問紙法の欠点は，質問紙に反映される性格などの心理的特徴が，**本当にその人物の心理的特徴を的確に反映しているとは限らない**ことです。たとえば，「私は多くの友人がいる」という質問項目に「あてはまる」と答える人はみな，本当に友人が多いのでしょうか。ひょっとしたら「多くの友人が欲しい」と思っているだけで，実際には「さほど多くない」かもしれません。このように質問紙法は，**「現実自己」ではない「理想自己」が反映される**など，回答の歪みが生じやすいことが問題とされています。

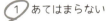

図2

③ 観察法

観察法は，調査者自身が調査対象の諸要素について，直接観察して把握する手法です。

> 幼稚園児の，性差による遊び方の違いを検討するため，幼稚園の自由遊びの時間をビデオカメラで撮影した。幼稚園側と保護者には，研究以外の目的で撮影内容を用いないこと，研究発表から個人名が特定されることがないことを事前に説明し，了承を得た。撮影された映像をもとに，各児童の遊びの内容と遊びの時間をそれぞれ記録し，性差による違いを検討した。

---

6 多くのデータを集められることは，推測統計法の実施にあたり非常に大きな価値があります。詳しくはp.84「13　外的妥当性」で。

観察法では，観察対象の行動を記述したり，特定の行動の出現回数を記録したり，活動レベル（声の大きさや行動の持続時間など）を測定したりして，データを集めます。

観察法は言語を必要としないため，とくに言語が困難な対象（乳幼児，発達障害児など）に適用できるという利点があります。

欠点としては，あくまで自然な行動を対象とするため，**観察対象の行動が生起するまで待たねばならないこと，被観察者のプライバシーを考える場合，観察可能な行動には限界がある**[7]**こと**などがあげられます。また，観

図3

察法によるデータの収集には，観察者の主観が多く含まれるという欠点も存在します。とくに，観察者がなんらかの期待や予測をもっている場合，その予測に合うように歪めて解釈してしまう恐れがあり，注意が必要です。

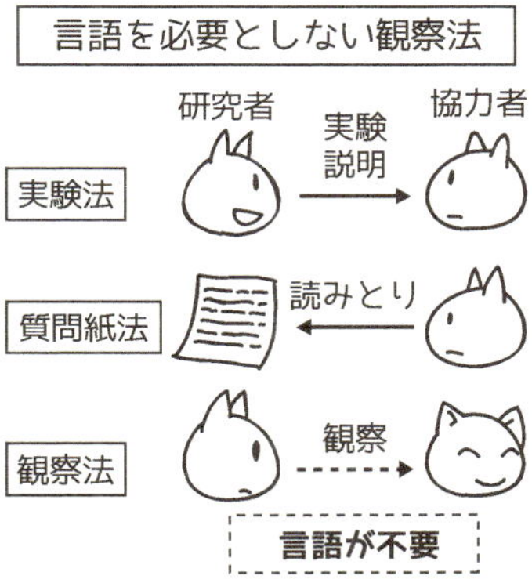

④ 面接法

面接法とは，調査者が被調査者に直接質問して，口頭で回答を求める手法です。

中年期危機による精神的負担が大きい人と，そうではない人で，どのような差異があるかを探索的に調査するため，A社に所属する40代男性10名と50代男性10名に，1人あたり10分ほどの面接を行った。

面接法は直接質問するため，質問内容や意図が理解されやすく，さらに言語反応だけでなく，服装や髪型，視線やしぐさ，声色や話し方など，豊富な非言語的情報が収集可能です。

しかし情報の収集にあたり，期待や予測など調査者の主観性が混じることについては，観察法以上に注意を払う必要があります。また，**数量化が困難である**ため，統計的な分析に向かず，得られた知見を一般化することも困難です。

表2　データの収集法による分類

	利点	欠点
実験法	因果関係の特定が可能	現実場面との乖離がある
質問紙法	大人数のデータ収集が可能	回答の歪みが生じやすい
観察法	言語不要，現実場面の把握	観察者の主観が含まれる
面接法	微細なデータの収集が可能	数量化が困難，主観が含まれる

---

7 たとえば，お風呂やトイレの観察ができないことなどがあげられます。

■ データの処理法による研究の分類

データの処理については、数量化するか否かによって二分されます。

① 量的研究

収集された情報を数量化処理して分析する場合は、**量的研究**とよばれます。実験法や質問紙法で集められたデータは数量化が容易であるため、量的研究として扱われることが多いです。また、観察法や面接法でも、特定の行動や発言の回数をカウントするなどして数量化を行い、量的研究として処理することがあります。

量的研究では、一部の集団（標本）からより大きな集団（母集団）を推測する**推測統計法**が可能です[8]。これにより、法則定立的研究の目的である、人の心に関わる一般法則を見つけ出すことが可能となります。ただし、すべての量的研究が推測統計法を用いて法則定立的研究を行うわけではありません。個人の性格を把握するために心理アセスメントを用いて性格特徴を数量化して分析するなど、量的研究であっても、個々をより精緻に記述する個性記述的研究が行われることもあります。

図4

② 質的研究

数量化処理をせず、記述データとして分析する場合は**質的研究**とよばれます。面接法で得られた面接記録や、質問紙における自由記述回答などは、質的研究として用いられることが多いです。

数量化を行わないため、推測統計法の実施が困難で、得られた知見を一般化することができません。しかし、数量化することが困難な細かい反応を、詳細に把握することができます。よって、質的研究は個性記述的研究で多く用いられます。また、理論が十分に構築されていない未知の領域に関する理論や仮説の生成に、質的研究が用いられることもあります。

質的研究で提出された仮説やアイデアが、量的研究によって検討されることにより、一般化できる適用範囲を広げていくという方向で研究が進められることが望ましいといえるでしょう。

---

8 推測統計法の詳細はp.84「13 外的妥当性」で。

表3　データの処理法による分類

	量的研究	質的研究
数量化	する	しない
推測統計法	可能	不可能
研究の方向性	検証的	探索的
研究の目的	法則定立的研究 個性記述的研究	個性記述的研究

■ 臨床心理学特有の研究

　臨床心理学特有の研究として，心理療法の効果を検討する**効果研究**と，ある個人のクライエントの変化を詳細に記録する**事例研究**の2つが挙げられます。

　効果研究は，数量化して統計的に処理することが多いため，量的研究として扱われることが多いです。対して，事例研究は数量化せず，クライエントの詳細な変化を記述データとして残すことが多いため，質的研究として扱われることが多いです。いずれの研究も，研究対象がなんらかの困難を抱えて来談したクライエントであるという点で，倫理面により配慮することが求められます。

MORE!!

　質的研究は「質的変数を対象とする研究のことである」という論述は，望ましくありません。たとえば，p.156では小学生の主な筆記具がシャープペンか鉛筆かについてカイ2乗検定という分析を行っています。このとき，主な筆記具（シャープペンか鉛筆か）は「名義尺度」であり「質的変数を対象とした量的研究を行っている」といえます。質的研究は「質的変数の分析」というより**「数量化が困難な部分に注目し，情報的価値を創造していく手法」**というニュアンスでとらえましょう。

心理学の研究法 まとめ

■ **研究の目的による分類**…法則定立的研究⇔個性記述的研究
■ **データの収集法による分類**…実験法⇔質問紙法⇔観察法⇔面接法
■ **データの処理法による分類**…量的研究⇔質的研究

例題1 心理学研究法 ▶▶▶ 難易度 ★☆☆

03 縦断研究と横断研究

Longitudinal / cross sectional study

学習のポイント
- [ ] 人間の発達をどのように研究していくか，さまざまな視点でとらえよう。
- [ ] 縦断と横断が逆にならないよう，しっかりイメージをつかもう。

About this word

　前項では，さまざまな心理学の研究法を紹介しました。本項では新たな視点として，人間の発達を研究するための視点を紹介します。それが縦断研究と横断研究・コーホート研究です。

■ 縦断研究

　縦断研究とは，特定の個人を追跡調査し続けることによって，その発達的変化を検討する手法のことです（図1）。

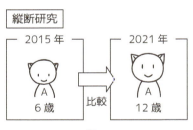

図1

　個人の発達的変化を追い続ける，という点で，発達研究としては最もシンプルかつ理想的な形ですが，たとえば図1のように，6年後の変化を見るためには，研究者も6年待たねばならず，時間的コストが非常に大きいことが欠点です。また，多くの対象者を追跡することも困難であるため，統計的処理に耐えられるだけのデータを集めることが困難です。以上のようなさまざまな特徴から，縦断研究は個性記述的研究として用いられることが多いです。

■ 横断研究

　横断研究とは，縦断研究のように特定の個人を追跡し続けるのではなく，異なる年齢集団を一度に用意し，その集団間の差異から発達的変化を検討する手法です。たとえば図2のように，一度に集められた6歳児の集団と12歳児の集団を比較することで，小学校1年生から小学校6年生までの発達的変化を検討する，という形で用いられます。横断研究は，集団の全体的特徴を抽出しようとしているこ

とから，法則定立的研究で多く用いられます。

横断研究は一度にデータを収集できるため，縦断研究と比較して時間的コストが小さく，多くのデータを集めることも可能です。ただし，この時に集められた6歳児集団が6年後に12歳になった時に，調査時の12歳児集団と同じ特徴をもっている保証はありません。同じ12歳でも，ゆとり教育前の12歳児と，ゆとり教育後の12歳児は異なる特徴をもつことが予想されるように，横断研究は，育った時代の影響を統制することができないのです。なお，この同時期に生まれ育ち，共通した時代背景の影響を受けている個人の集団のことを**コーホート**とよびます。

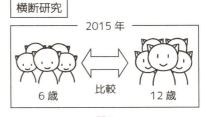

図2

■ コーホート研究

コーホート研究は，前述したコーホートを直接研究する手法です。たとえば図3のように，戦時中の12歳児と現代の12歳児を比較して，コーホートの影響を検討する，といった形で用いられます。縦断研究同様，時間的コストが大きいことや，統制の困難さが欠点としてあげられます。

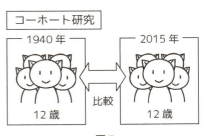

図3

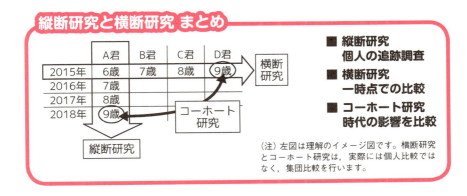

確認問題 1

(1) 以下の①・②の両方について，それぞれ問いに答えなさい。

① A君の父親は，A君の誕生日が来るたびに，身長がどれくらいになったか，家の大黒柱に数値とともに刻み込んでいる。以下のデータは，A君の家の大黒柱に刻まれた，A君の身長の推移である。

学年	小1	小2	小3	小4	小5	小6
身長（cm）	108	115	124	132	141	151

② 小学校の教師であるBさんは，2014年の全校生徒の身体測定のあと，各学年の身長の平均値を算出し比較してみた。以下のデータは，Bさんの小学校の，2014年度の各学年の身長の平均値である。

学年	小1	小2	小3	小4	小5	小6
身長（cm）	116.5	122.5	128.7	133.8	139.2	145.1

問 I 　①・②のアプローチは，縦断研究と横断研究のいずれに相当するか。

問 II 　①・②のアプローチは，量的研究と質的研究のいずれに相当するか。

問Ⅲ　①・②のアプローチは，心理学における法則定立的研究と個性記述的研究のいずれに相当するか。

解　説

問 I 　①は追跡調査なので縦断，②は2014年の一時点なので横断。

問 II 　どちらも身長を数量化しているため，量的研究。

問Ⅲ　①はA君個人の理解なので，個性記述的。②は学年の変化に伴う一般的な小学生の身長の変化を検討しているため，法則定立的。

解　答

問 I 　①　縦断研究　　　②　横断研究

問 II 　①　量的研究　　　②　量的研究

問Ⅲ　①　個性記述的研究　②　法則定立的研究

(2) 心理尺度に関する次のＡ～Ｄの記述について，適切なものに○を，適切でないものに×をつけた場合，その組み合わせとして正しいものを下の選択肢から１つ選びなさい。

Ａ　間隔尺度の例としては，西暦2010年と1990年といった暦年があげられるが，2010年と1990年の差は1990年と1970年の差と等しく，四則演算のすべてを用いることができる。

Ｂ　順序（順位）尺度の例としては，答案を１位，２位，３位，４位と並べる場合があげられるが，この場合，1，2，3，4と表しても，−2，−1，0，1と表してもかまわない。

Ｃ　名義尺度の例としては，被験者を男女に分け，男性を1，女性を2といった数値を割りふる場合があげられるが，この場合，四則演算のうち，加算と減算のみを用いることができる。

Ｄ　比例（比率）尺度の例としては，摂氏0（0℃）を基点とした摂氏温度があげられるが，比例尺度では，適切な正の線形変換が可能であり，摂氏（℃）は℉＝9/5×℃＋32という演算によって華氏（℉）に変換できる。

選択肢　1　Ａ　○　　Ｂ　○　　Ｃ　×　　Ｄ　×
　　　　2　Ａ　○　　Ｂ　×　　Ｃ　○　　Ｄ　×
　　　　3　Ａ　×　　Ｂ　○　　Ｃ　×　　Ｄ　○
　　　　4　Ａ　×　　Ｂ　×　　Ｃ　○　　Ｄ　○
　　　　5　Ａ　○　　Ｂ　×　　Ｃ　○　　Ｄ　×

(2011　淑徳大学大学院)

解　説

　　Ｂが適切でＤが不適切である（摂氏温度は間隔尺度）ことから，解答は1と判断できる。ただし，Ａの判断が難しい。Ａを「間隔尺度は，四則演算のすべてができる」と読み取ると，Ａが不適切なのでは？　と矛盾が生じる。ここでＡの文中の「暦年の差」に注目する。「暦年の差」が０であることは，差がまったく存在しないことを示す絶対原点であり，「暦年の差」は比率尺度となる。比率尺度はあらゆる四則計算が可能である。よってＡの文について「四則演算のすべてができる」の主語を「差は」と読み取ることで，Ａを適切と判断するしかないだろう。

解　答

　　1

例題 1　解答・解説

論述解答例

（1）今回の質問紙調査のように評価に数値を割りふることを，リッカート法という。このリッカート法では，等間隔性が保証されていない。たとえば今回は，「あてはまる」に5が，「ややあてはまる」に4が，「どちらともいえない」に3が割りふられているが，この5と4の間隔が，4と3の間隔と等しいという保証はない。よってこのリッカート法による評定値は，等間隔性をもたず，数値の大小関係のみを示す，順序尺度と考えられる。

（2）心理学の研究法にはさまざまな種類があるが，ここでは法則定立的研究と個性記述的研究の2つに注目する。法則定立的研究とは，人間の心や行動に関する普遍的で一般的な法則を導き出すことを目的とする研究のことである。ヴントのライプチヒ大学における心理学実験室の創設以来，心理学は，哲学的な思想で人の心を語るのではなく，客観的なデータを収集し，それを明確な根拠として人の心に関する理論を構築する「科学」であることを目指してきた。そのため法則定立的研究は近年まで心理学研究の中心であった。

　しかし，人間が生きる環境は複雑であり，発見された一般法則が常に現実生活に適するとはかぎらないという批判が集まる。そのような法則定立的研究の欠点を補うために，とくに発達心理学や臨床心理学の分野で注目が集まりはじめた研究が個性記述的研究である。

　個性記述的研究では，自然な現実場面で，時間の経過とともに変化する特定の個人をありのまま記述していくことを目的とする。事例研究などがこの個性記述的研究に分類される。あくまで個人の記述であるため，得られた知見を一般化することは難しく，異なる事例どうしの比較も単純にできないが，法則定立的研究で導かれるような一般法則ではわからない個人の微細な側面を総合的に捉えることが可能である。

　法則定立的研究と個性記述的研究を対立的なものと捉えるのではなく，欠点を補うためにそれぞれを併用することが望ましい。（600字）

解　説

（1）についてはp.23のMORE!!のように名義尺度と考えることも可能。（2）は選んだ2つの研究法だけでなく，その2つの関連性まで述べなければ，600字という多い字数をクリアすることは困難だろう。

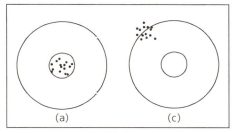
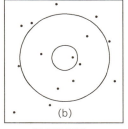

信頼性が高い　　　　　　　　　信頼性が低い
(誤差が少ない、安定している)　(誤差が多い、安定していない)

図3

　よって図2の体重計-Bは、確かに48kgで安定しており信頼性が高いといえますが、図3の(c)のように「大外ししている」＝「体重が48kgではない」可能性があるのです。このように、**信頼性の高さと内容の的確さは同一ではないので、注意しましょう**（内容の的確さは妥当性という概念で表します。詳細は次項で詳しく紹介します）。

信頼性の高さと
内容の的確さ(妥当性)は別である!!

図4

■ **信頼性の測定**

　信頼性の測定方法には大きく分けて4つあります。

① **再テスト法**

　再テスト法とは、同じ集団に同一のテストを、一定期間を置いて二度実施し、2回の得点間の相関係数[1]を算出する方法です（図5）。

　しかし実施に一定期間を置くため、信頼性の高低が判明するまでに時間的コストがかかること、記憶や学習の効果が見られた場合、2回目の実施結果に変化が生じてしまうことなどの欠点があげられます。

② **平行テスト法**

　平行テスト法とは、同じ集団に形式・難易度などが等質と考えられる2つのテストを同時に実施し、2つのテストの得点間の相関係数を算出する方法です（図6）。

---

1 相関関係…2つの変数の「関連の強さ」を表す値のこと。詳細はp.68「10　相関係数」で。

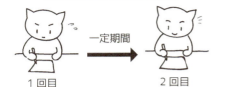

図5　　　　　　　　　　　　　　　**図6**

同時に実施するため，再テスト法のような時間的コストがなくなります。また，2つのテストを実施するために記憶や学習の効果も防ぐことができ，再テスト法の欠点は解消されています。しかし，形式や難易度が等質な<u>2つの平行テストを作成することそのものが困難</u>であることが欠点です。

③ 折半法

折半法は，<u>1つのテスト項目を等質な2群に折半し，両者の得点間の相関係数を算出する方法</u>です。

平行テスト法のように2つのテストを作成する必要がなく，平行テストの欠点が解消されています。しかし，<u>等質な2群に折半することの困難さ</u>が欠点です。折半方法として，図7の①③⑤と②④⑥のように，奇数番号と偶数番号で2群に分ける方法がありますが，それで等質な2群に分けられたのかどうかは，大いに疑問が残ります。

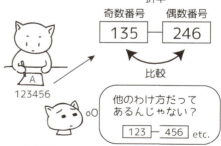

図7

④ α係数

α係数とは，考えられるすべての折半パターンの相関係数を算出し，その平均値を求めたものです。

たとえば6項目を2群に折半する場合，図8のように全部で10種類の折半パターンが考えられます。ここで，折半法のように「10種類の中からどれか1つを選ぶ」のではなく，「10種類すべての相関係数の平均」を用いるのです。このことにより，すべての折半パターンを考慮したことになります。

欠点としては，**計算処理の煩雑さ**があげられますが，近年のコンピュータの発展により大きな問題ではなくなりました。そのため，**現在では信頼性の測定としてα係数が最も用いられています。**

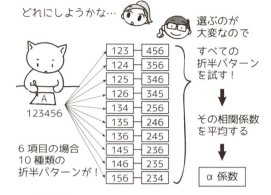

図8

MORE!!

α係数は，項目の一貫性・等質性を表す概念である**内的整合性**に基づいて，信頼性を推定しているといわれています。内的整合性という概念を用いてα係数を説明できるようになると，1ランク上の論述が可能になります。

信頼性 まとめ

- ■ 信頼性とは，追試による安定性・一貫性のこと。
- ■ 信頼性が高くても，内容が的確ではない可能性がある。
- ■ 再テスト法，平行テスト法，折半法，α係数の4つの測定法がある。

例題2 信頼性と妥当性 ▶ ▶ ▶ 難易度 ★★☆

05 妥当性

validity

学習のポイント
- [ ] 院試における最頻出用語。信頼性と明確な区別を。
- [ ] 妥当性の3つの視点は、最優先でおさえておこう。

About this word

妥当性とは、<u>測定値が、測定したい心理的特性や行動をどの程度的確にとらえているか、その程度を表す概念</u>です。

たとえば図1のように、体重48kgの人が体重計に乗った時、正しく48kgと示している体重計Cの妥当性は高く、60kgと示している体重計Dの妥当性は低いことになります。

図1

例題2を妥当性の観点でまとめると「**的の中心をとらえている**」＝「**妥当性が高い**」と判断できるため、以下の図2のようになります。

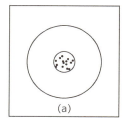
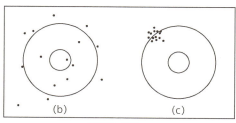

図2

前項でも少し触れたように、**信頼性の高さは妥当性の高さを保証するものではありません。** たとえば図3のように、「5g分目盛りがズレたはかり」があったとします。このはかりは、常に100gの物質を105gと計測します。何回計測しても、105gと「安定して」測定してくれるので、<u>信頼性が高い</u>といえます[2]。ただし、本当の物質の重さは

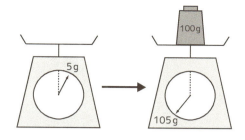

毎回105gという同じ値を示す。　→**信頼性が高い**
でも真実は100gである。　　　 →**妥当性は低い**

図3

100gですから、物質の重さを「的確に」測定しているわけではありません。よって、<u>妥当性は低い</u>のです。

例題2を信頼性と妥当性を総合してまとめると、以下の図4のようになります。

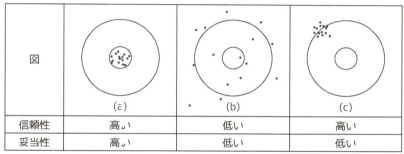

図	(a)	(b)	(c)
信頼性	高い	低い	高い
妥当性	高い	低い	低い

測定においては
信頼性と妥当性の両方が必要!!

図4

MORE!!

図4には「**信頼性が低く、妥当性が高い**」状況がありません。仮に図示すると、右の(d)のようになります。ただし、(d)の信頼性が低いといっても(b)よりは高いですし、(d)の妥当性が高いといっても(a)よりは低いです。信頼性が低くなるほど、妥当性の確保は困難になるので、信頼性が極端に低い状況で妥当性が高いことは起こりえません。

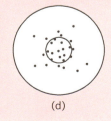

---

2 信頼性が高くても、信頼できませんね。信頼性という言葉を信頼してはいけない（!）のです。

■ 妥当性の視点

妥当性は、さまざまな視点から「的確であるかどうか」を複合的に検討します。ここでは代表的な視点を3つ紹介します。

① **内容的妥当性（内容妥当性）**

内容的妥当性とは、「測定概念に関わる領域を，網羅できているか」という視点で妥当性を検討するものです。

たとえば図5のように，体力測定の項目が「握力」「ハンドボール投げ」「懸垂」の3つだけだったら，測定内容が腕に偏りすぎており，体力を的確に測定できているとはいえません。この場合，内容的妥当性が低いと評価します。

内容的妥当性の検討としては，測定領域の分類をリストアップして，数人の専門家に妥当性の高さの一致を求める方法が主流です。

② **基準関連妥当性**

基準関連妥当性とは、「理論的に関連が予測される外的基準と，どの程度関連しているか」という視点で妥当性を検討するものです。

たとえば図6のように，就職適性試験の高成績が入社後の高い業績に結びついているならば，試験は的確に就職適性を測っているといえるでしょう。この場合，基準関連妥当性が高いと評価します。対して，入社後の業績が伸び悩んでいた場合，試験は的確に就職適性を測っていなかった可能性があります。この場合，基準関連妥当性は低いと評価します。

図5

図6

③ **構成概念妥当性**

構成概念妥当性とは，「測定しようとする構成概念が，実際にどれくらい適切に測定されているか」という視点で妥当性を検討するもので，妥当性の中でも最も重要といわれています。

さまざまな不安を測る不安検査が開発されていますが，それらの検査は本当に「不安」という構成概念を的確に表現しているのでしょうか。知能検査は，本当に「知能」という構成概念を的確に表現しているのでしょうか。的確に不安や知能を測定できているならば構成概念妥当性は高く，不安や知能ではない別のものを測定してしまっているならば構成概念妥当性は低いことになります（図7）。

心理学は，心という見えない存在…まさに研究者たちによって構成された「構成概念」を扱う学問であるため，この構成概念妥当性がとくに重要視されるのです。

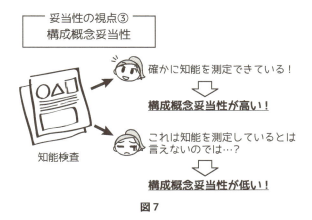

図7

MORE!!

基準関連妥当性と構成概念妥当性には，右図のような下位分類があります。また，**内的妥当性・外的妥当性**という言葉が用いられることもあります。内的妥当性の詳細はp.80「12 内的妥当性」で，外的妥当性の詳細はp.84「13 外的妥当性」で紹介します。

基準関連妥当性
├ 同時的妥当性（併存的妥当性）
└ 予測的妥当性

構成概念妥当性
├ 収束的妥当性
├ 弁別的妥当性
└ 因子妥当性

妥当性 まとめ

■ 妥当性とは，測定したい心理的特性や行動をどの程度的確にとらえているかを表す概念。

■ 妥当性をとらえる視点にはさまざまなものがあり，代表的な視点は「内容的妥当性」「基準関連妥当性」「構成概念妥当性」。

確認問題 2

(1) 各文の（　　）に，信頼性と妥当性のどちらが入るか答えなさい。

① α係数は，（　　　　　）の指標として多く用いられている。

② 計算能力全般を測定する計算テストに，小数計算の問題が1問もないようでは，その計算テストの（　　　　　）が高いとはいえない。

③ 質問紙性格検査を受けたある被検査者は，ほとんどの項目に「5（とてもあてはまる）」を記入していた。この場合，この性格検査の結果は（　　　　　）が高いとはいえない。

④ 質問紙性格検査において，被検査者が自分をよく見せようと回答を歪めた場合，検査結果の（　　　　　）は低いと考えられる。

⑤ 新たなテストを開発した場合，同じ構成概念を測定する過去のテストの結果との相関係数を算出して，新テストの（　　　　　）をチェックする。

⑥ 新たなテストを開発した場合，そのテストを一定時間空けて2度実施し，両者の結果の相関係数を算出して，新テストの（　　　　　）をチェックする。

解　説

① α係数は，内的整合性に基づく信頼性の指標として用いられる。

② この文の場合，とくに内容的妥当性に問題があると考えられる。

③ この事態は，被検査者の検査への動機づけの低さが原因で起こることもあるが，質問項目が多すぎたり，質問内容が読み取りづらかったりなど，検査そのものの問題で起こる場合もある。結果として，被検査者の性格を的確に反映しているとはいえず，妥当性に問題が生じる。

④ 質問紙性格検査では，社会的望ましさや防衛的な態度による回答の歪み（バイアス）が生じやすく，妥当性の問題が起こりやすい。

⑤ このように構成概念妥当性をチェックすることを指して「収束的妥当性を検討する」と表現する。

⑥ 再テスト法による信頼性の検討と考えられる。

解　答

① 信頼性　　② 妥当性　　③ 妥当性

④ 妥当性　　⑤ 妥当性　　⑥ 信頼性

(2) 心理検査の信頼性に関する次のA～Dの記述について，適切なものに○を，適切でないものに×を付けた場合，その組み合わせとして正しいものを下の選択肢から１つ選びなさい。

A　信頼性を調べることは，検査の内的整合性を検討することと同義である。

B　信頼性を検討する方法としては，再テスト法や平行テスト法などがある。

C　項目数が多くなっても，信頼性係数が高くならない場合もある。

D　α係数は，検査を一回だけ実施した結果から信頼性を推定する一つの方法である。

選択肢　1　A　○　　B　×　　C　○　　D　○
　　　　2　A　○　　B　×　　C　×　　D　×
　　　　3　A　×　　B　×　　C　○　　D　×
　　　　4　A　○　　B　×　　C　○　　D　×
　　　　5　A　×　　B　○　　C　×　　D　○

(2013　淑徳大学大学院)

解　説

　　Aの内容が難しい。内的整合性は信頼性の指標の１つだが，内的整合性が低くても安定した結果が得られる（＝信頼性が高い）可能性があるため，内的整合性と信頼性は完全に同義ではない。

　　だが本問は決して難問ではない。今回の選択肢は，信頼性に関する基礎知識だけで，明らかにBが適切と判断できる。さらに，α係数は１回の検査から信頼性を推定する方法であるため，Dの内容も適切。この２点に注目できれば（事実上Bだけで），Aの文章に惑わされず5が正解と判断できる。

解　答

　　5

例題2 解答・解説

論述解答例

　信頼性とは測度の安定性であり，誤差の少なさである。具体的には，再検査を行った場合，同様の結果が得られれば信頼性が高く，再検査を行う度に大きな誤差が生じるならば，信頼性が低いといえる。ダーツを比喩にして考えた場合，(a)と(c)は何回投げてもほぼ同じ場所に命中しているため誤差が小さい，すなわち信頼性が高いと考えられる。だが(b)は投げる度に異なる場所に当たっているため誤差が大きい，すなわち信頼性が低いと考えられる。

　対して妥当性とは，測度の適切さである。具体的には，測定したい構成概念を的確に測定できていれば妥当性は高く，構成概念を的確に測定できていなければ妥当性は低い。ダーツを比喩にして考えた場合，的の中心に矢が集まっている(a)は，適切な場所に投げられているという意味で妥当性が高いと考えられる。対して(c)は，適切な場所に投げられていないという意味で妥当性は低いと考えられる。もともと信頼性が低い(b)は，投げる場所の適切さを判断するに値しないため，やはり妥当性は低いと考えられる。

　以上のことから，(a)は信頼性も妥当性も高い状況を，(b)は信頼性も妥当性も低い状況を，(c)は信頼性こそ高いが妥当性は低い状況を，それぞれ表している。ダーツで(a)の状況が望ましいように，測定においても信頼性と妥当性の両方が高いことが望ましい。

解　説

　信頼性と妥当性を区別して理解するのに最適な良問だ。下記の表も参考にして，両者を明確に区別して論述できるようにしておきたい。

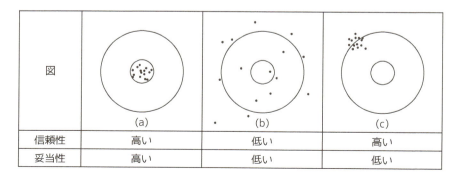

	(a)	(b)	(c)
信頼性	高い	低い	高い
妥当性	高い	低い	低い

例題3 記述統計法

【問】次の問題文を読み，各設問に答えなさい。

　学習法1ならびに学習法2によって学習した男女のテスト結果を下記のように得た。

学習法1　男性　5, 4, 5, 6, 7, 5, 4, 6, 4, 7
学習法2　男性　7, 6, 7, 7, 8, 6, 7, 8, 7, 6
学習法1　女性　5, 5, 7, 8, 6, 7, 6, 8, 7, 6
学習法2　女性　10, 9, 9, 10, 9, 8, 10, 10, 9, 10

設問1　このデータを適切にまとめて整理しなさい。

設問2　この結果を分かりやすく図に示しなさい。

(2012　新潟青陵大学大学院)

例題3の攻略ポイント

・度数分布表やヒストグラム，平均値，中央値，最頻値など，データの特徴をまとめるさまざまな視点を理解し，活用できるようになろう。
・正解は1つではなく，さまざまなデータの整理法が考えられる（なお，例題9では同問題について，別の視点でデータの整理を行っている）。

▶ 用語解説は次ページから　▶ 解答例は p.56

例題3 記述統計法 ▶▶▶ 難易度 ★☆☆

06 度数分布表

frequency table

学習のポイント
- [ ] 度数分布表・ヒストグラムを、自分で作成できるようになろう。
- [ ] 棒グラフとヒストグラムの違いを区別できるようにしておこう。

About this word

データを集めたら、即分析！ ではなく、まず自分が集めたデータについて整理し、特徴を把握しておく必要があります。<u>対象集団から得たデータに関する情報を直接取りまとめ、集約すること</u>を**記述統計法**[1]といい、主に以下のようなものがあります。

① 特徴を直感的につかむ … 度数分布表、ヒストグラム
② 特徴を数学的につかむ … 代表値・散布度など[2]

まず本項では、**度数分布表**と**ヒストグラム**を用いて、データの特徴を直感的につかむ方法を学びます。

■ 度数分布表とは

例題3のデータを度数分布表にまとめると、以下のようになります。**度数**とは、<u>ある値を示すデータの「個数（人数）」のこと</u>です。この表から、学習法1の男性で「4点」だった人は「<u>3人</u>」とわかります。

表1　例題3の度数分布表

学習法1 男性	得点	3	4	5	6	7	8	9	10
	度数	0	3	3	2	2	0	0	0

学習法2 男性	得点	3	4	5	6	7	8	9	10
	度数	0	0	0	3	5	2	0	0

学習法2の方が、点数が高い人が多い

---

1 得た値から他の集団を推測する場合は推測統計法とよばれ、記述統計法とは区別されます。
2 他には相関係数の算出があります。詳細はp.68「10　相関係数」で。

学習法1 女性	得点	3	4	5	6	7	8	9	10
	度数	0	0	2	3	3	2	0	0

学習法2 女性	得点	3	4	5	6	7	8	9	10
	度数	0	0	0	0	0	1	4	5

学習法2の女性すごい!!

例題3のようにただ羅列されている状態よりも，かなりわかりやすくなったと思います。学習法1よりも学習法2の方が全体に得点が高いこと，学習法2の女性が高成績であること…などがより明確に見えてきます。

■ ヒストグラムと階級

度数分布表をよりわかりやすくするため，図1のようなグラフにまとめます。これを**ヒストグラム**といいます。ヒストグラムを作成することで，データの特徴がよりつかみやすくなります。

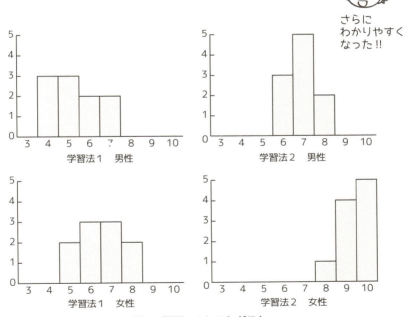

図1 例題3のヒストグラム

ヒストグラムに表わすことで，さらにデータの特徴が明確になりました。とはいえ，ヒストグラムの目的は左ページにもあるように「データの特徴を直感的につかむ」ことなので，このヒストグラムの見た目だけで安易な考察を述べてはいけません（このデータに対するより詳細な統計的分析は，p.115以降で行います）。

では，例題3のように10までではなく，40までなど，数の範囲が広い場合，どうすればよいのでしょうか。この場合，1〜40まですべて作成すると細かすぎるので，まずデータを**階級**とよばれる範囲に分け，その範囲をもとに度数分布表・ヒストグラムを作成します。

　以下の例は，ある調査で測定された，1点から40点で表される「個人主義傾向」をまとめたものです。階級の幅が10の時と5の時で，異なる度数分布表・ヒストグラムになることがわかります。このように，**階級の幅の設定によって，度数分布表もヒストグラムも変化**します[3]。

（例）個人主義傾向（最低点1，最高点40）

階級を設定しないと…？

得点	1	2	3	4	5	6	7	8	9	…	…	39	40
度数	0	1	0	1	0	3	5	3	4	…	…	1	1

階級10の場合

階級	1-10	11-20	21-30	31-40
度数	20	72	102	26

階級5の場合

階級	1-5	6-10	11-15	16-20	21-25	26-30	31-35	36-40
度数	2	18	24	48	56	46	23	3

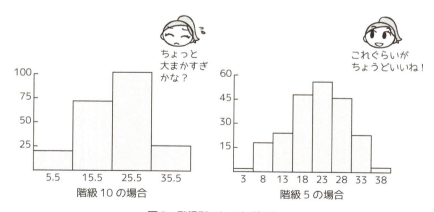

図2　階級別のヒストグラム

3　階級の幅をいくつに設定するかについては，厳密な規則がありません。あくまで度数分布表はデータの特徴を「なんとなく」つかむことが目的なので，行う研究や今後の分析にとって，一番有益な特徴をつかみやすい階級の幅が，最も適した階級の幅といえるでしょう。

ここまで紹介してきた度数分布表やヒストグラムは、<u>直感的なデータの把握</u>が目的であるため、これらだけで統計的な解釈はできません。それでも、複雑な分析を行う前に度数分布表を作成し、データの特徴を直感的に把握しておくことは、非常に大切です。図3のように、<u>入力ミスや逸脱データなどを発見</u>できることもあります。

図3

■ 棒グラフとヒストグラム

最後に、ヒストグラムと非常に類似した、**棒グラフ**との区別を確認します。棒グラフは<u>質的変数</u>に、ヒストグラムは<u>量的変数</u>にそれぞれ用いるという違いがあります。また棒グラフは、それぞれの棒が独立しているため、<u>棒と棒の間を空けて</u>描きますが、ヒストグラムは、それぞれの棒に連続性があるため、<u>棒と棒の間を詰めて</u>描きます。注意して区別できるようにしておきましょう。

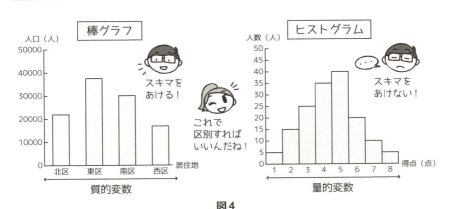

図4

度数分布表 まとめ

■ **度数分布表**とは、データの度数（個数）をまとめた表のこと。
■ データの特徴を直感的に理解し、分析の方向性を確認したり、逸脱データを発見したりするために用いる。統計的解釈には適さない。

例題3 記述統計法 ▶▶▶ 難易度 ★☆☆

07 代表値

measure of central tendency

学習のポイント
- [ ] 代表値と聞いたら「平均値・中央値・最頻値」と答えられるように。
- [ ] それぞれの値は，自分自身で求められるようにしておこう。

About this word

データをその名の通り代表するような値を代表値といい，図1のように**平均値・中央値・最頻値**の3つがあります。それぞれの特徴をおさえていきましょう。

図1

■ 平均値

データの総計を度数の和で割った値を**平均値**[4]といいます。代表値の中では最も有名かつ多く使用されており，さまざまな統計分析に使用しやすい値です。たとえば，例題3（p.47）について平均値を求めてみます。

学習法1　男性
(5＋4＋5＋6＋7＋5＋4＋6＋4＋7)÷10＝53÷10＝5.3

学習法2　男性
(7＋6＋7＋7＋8＋6＋7＋8＋7＋6)÷10＝69÷10＝6.9

同様に，学習法1の女性の平均値を求めると6.5，学習法2の女性の平均値を

---

[4] 正式には算術平均といいます。院試レベルでは基本的に，幾何平均など他の平均の算出法を理解する必要はありません。しかし，院試で算術平均の手計算が求められることはあります。そのため，算術平均については手計算で求められるようにしておくとよいでしょう。

求めると 9.4 となります。

平均値は統計的に最も使いやすい値なのですが，**外れ値の影響を受けやすい**という欠点をもっています。**外れ値**とは，他の値と比べて極端に低かったり高かったりする値のことです。

図2を見てください。1，2，2，4，6の場合，平均値は3になります。しかし，ここで6を66と誤入力してしまったとします。すると平均値は15になり，大きく変動してしまいます[5]。このように，平均値は外れ値の影響を強く受けるため，基本的に外れ値を除外して分析を進めます。

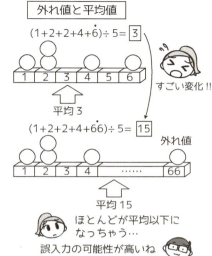

図2

MORE!!

どれくらいの外れ値を除外して分析するかは，明確な基準がありません。平均±標準偏差×2（または3）が目安という話もありますが，あくまで研究者の判断にゆだねられます。ただし外れ値を除外した場合は，どのような基準で外れ値を除外したかを論文中に記載すべきでしょう。

■ **中央値**

中央値とは，データを大小順に並べた時真ん中に位置する値のことです。データの個数が偶数個の場合は，図3のように中央2つの数の平均値を使います。では，例題3についても中央値を求めてみます。

中央値の求め方	
・データが奇数個のとき	1 2 [2] 4 6 → 中央の値を選択
・データが偶数個のとき	1 2 [2 4] 6 8 → (2+4)÷2＝3 中央2つの平均をとる

図3

学習法1　男性　　小さい順に並べると…
　4 4 4 5 [5 5] 6 6 7 7 → (5+5)÷2＝5
学習法2　男性　　小さい順に並べると…
　6 6 6 7 [7 7] 7 7 8 8 → (7+7)÷2＝7

---

[5] 不適切な平均で分析しても，不適切な結果しか得られず，時間の無駄になってしまいます。だからこそ前項で触れたように，データを集めたら度数分布表などでデータの全体像を把握しておくことが重要なのです。

同様に，学習法1の女性の中央値を求めると 6.5，学習法2の女性の中央値を求めると 9.5 となります。

中央値は，統計的な処理にはあまり向いていません。しかし，<u>外れ値の影響をほとんど受けない</u>という長所があります。先ほどは6を66に変えただけで，大幅に平均値が変化しましたが，中央値は図4のように，ほとんど影響を受けません。そのため外れ値を除外できない場合に，中央値を使用することがあります。

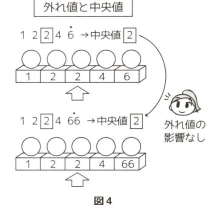

図4

■ 最頻値

最頻値とは，<u>最も度数が多い値</u>のことです。統計的な処理は困難ですが，外れ値の影響は最も受けにくいという特徴があります。これまで同様に，例題3についても最頻値を求めてみます。

学習法1 男性

得点	3	4	5	6	7	8	9	10
度数	0	3	3	2	2	0	0	0

→最頻値は，<u>4と5</u>

学習法2 男性

得点	3	4	5	6	7	8	9	10
度数	0	0	0	3	5	2	0	0

→最頻値は<u>7</u>

同様に，学習法1の女性の最頻値を求めると <u>6と7</u>，学習法2の女性の最頻値を求めると <u>10</u> となります。

代表値 まとめ

	平均値	中央値	最頻値
求め方	データの総計を，度数の和で割った値	大小順に並べた時，真ん中に位置する値	最も度数の多い値
統計処理	処理しやすい	処理しにくい	処理しにくい
外れ値	影響を受けやすい	影響を受けにくい	影響を受けにくい

確認問題3

次の得点は，あるクラスの漢字の小テスト得点を示したものである。

男子10名

7	7	5	6	1
10	2	10	0	7

女子10名

7	10	4	5	10
2	10	1	7	3

（1）　男子の度数分布表を完成させなさい。

得点	0	1	2	3	4	5	6	7	8	9	10
度数											

（2）　男子の平均値・中央値・最頻値を求めなさい。

（3）　女子の平均値・中央値・最頻値を求めなさい。

解　説

（2）　平均値…（7＋7＋5＋6＋1＋10＋2＋10＋0＋7）÷10

　　　　　＝55÷10＝5.5

　　　中央値…男子10名の得点を小さい順に並べると，以下の通り。

　　　　　0 1 2 5 6 7 7 7 10 10　→　（6＋7）÷2＝6.5

　　　最頻値…度数分布表より，度数が最も多いのは7

解　答

（1）

得点	0	1	2	3	4	5	6	7	8	9	10
度数	1	1	1	0	0	1	1	3	0	0	2

（2）　平均値 5.5　　中央値 6.5　　最頻値 7

（3）　平均値 5.9　　中央値 6　　最頻値 10

例題3 解答・解説

解答例

設問1

表1 度数分布表

得点	学習法1 男性	学習法1 女性	学習法2 男性	学習法2 女性
3	0	0	0	0
4	3	0	0	0
5	3	2	0	0
6	2	3	3	0
7	2	3	5	0
8	0	2	2	1
9	0	0	0	4
10	0	0	0	5

表2 代表値と標準偏差

	学習法1 男性	学習法1 女性	学習法2 男性	学習法2 女性
平均値	5.3	6.5	6.9	9.4
標準偏差	1.10	1.03	0.70	0.66
中央値	5	6.5	7	9.5
最頻値	4, 5	6, 7	7	10

設問2

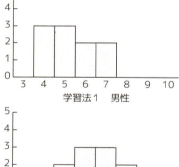
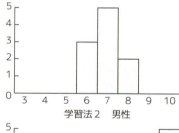

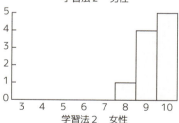

解説

（1）について補足。論文など専門的な場面でデータを示す時は，表1・表2のように，縦線は原則書かない。また平均値を記載する場合，基本的に標準偏差も記載するのが定石。標準偏差の詳細については p.58「08 標準偏差と正規分布」を参照。

例題4 標準化

【問】ある大学に通う学生100名を対象として，自尊心と他者との協調性に関する質問紙調査が行われた。以下の問いに答えなさい。

被調査者		得点	偏差	z値	偏差値
A	自尊心得点	30			
	協調性得点	25			
B	自尊心得点	38			
	協調性得点	28			
C	自尊心得点	28			
	協調性得点	19			

対象者100名の平均・標準偏差

	平均	標準偏差
自尊心得点	32.0	4.0
協調性得点	22.0	6.0

偏差…得点と平均値の差のこと
z値…標準得点のこと

① 被調査者A，B，Cそれぞれについて，偏差，z値，偏差値を求め，表の空欄を埋めよ。
② A・B・Cのうち，協調性よりも自尊心の方が高いと考えられる被調査者は誰か答えなさい。
③ AやCは，自尊心得点が平均よりも低い値であったが，「AやCは自尊心が低い」と断言することはできない。その理由として考えられることを1つあげて，説明しなさい。

例題4の攻略ポイント

・データの比較に関する問題。
・平均値や標準偏差が異なるデータは，数値だけ見て単純比較できない。データを比較するための「標準化」という作業を学ぼう。

 用語解説は次ページから  解答例はp.66

例題4 標準化 ▶▶▶ 難易度 ★☆☆

08 標準偏差と正規分布

standard deviation and normal distribution

学習のポイント
- [ ] 得点の散らばりを表す値といえば，標準偏差といえるように。
- [ ] 正規分布の場合，平均±標準偏差に約68.3%。数字も含めて覚えよう。

About this word

「07 代表値」で，データを代表する値として平均値・中央値・最頻値の3つを学びました。本項では，データの散らばり（**散布度**）を表す値としての，**標準偏差**を学びます[1]。

仮に，1班と2班のテスト成績が以下のようになったとします。

1班の成績

生徒	A	B	C	D	E
得点	65	60	80	75	70

平均は
$(65+60+80+75+70)/5=$ **70**

2班の成績

生徒	F	G	H	I	J
得点	40	90	55	100	65

平均は
$(40+90+55+100+65)/5=$ **70**

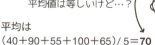
平均値は等しいけど…？

平均値は同じですが，**1班と2班の得点の散らばりはずいぶん違います**。図1のように表すと，1班の方は散らばりが小さく，2班の方は散らばりが大きいことがわかります。

具体的に，1班と2班について

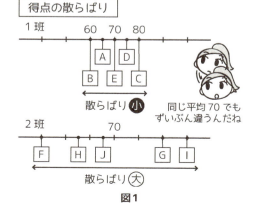

図1

---

1 平均値を使う場合は，散布度として標準偏差を用いますが，中央値を使う場合は，散布度として**四分位偏差**という値を用います。

標準偏差を算出すると1班は7.1，2班は22.1となります。このように，**標準偏差が大きいほど，得点の散らばりが大きい**ことを示しています。なお，標準偏差が <u>0</u> の場合は，得点の散らばりがまったくなく，すべての得点が平均点と同じ場合を表します。

MORE!!

標準偏差の算出式は，$\sqrt{}$ が関係するため，出題頻度は高くありません。ただし，まったく出題されていない！　というわけでもないため…参考に算出式を紹介します。

標準偏差の求め方

$$\sqrt{\frac{(個々の点-平均)^2 の和}{人数}}$$

※標準偏差を2乗した値（$\sqrt{}$ をする前）を分散といいます。

1班

$$\sqrt{\frac{(65-70)^2+(60-70)^2+(80-70)^2+(75-70)^2+(70-70)^2}{5}} \fallingdotseq 7.1$$

2班

$$\sqrt{\frac{(40-70)^2+(90-70)^2+(55-70)^2+(100-70)^2+(65-70)^2}{5}} \fallingdotseq 22.1$$

■ 正規分布

「06 度数分布表」で，ヒストグラムというグラフを学びました。図2を見てください。**ヒストグラムの階級の幅をだんだん狭くしていくと，曲線に近づいていく**ことがわかるでしょうか？　このようにして完成させた曲線が，図3のように，<u>完全に左右対称でつり鐘状の形</u>になった場合，その得点分布を**正規分布**といいます。

この正規分布が，先ほど学んだ**標準偏**

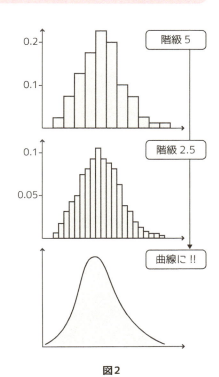

図2

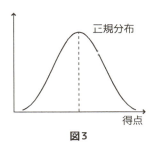

図3

例題4 標準化

差と深い関係をもっています。正規分布の特徴を学びながら，標準偏差と関連づけていきましょう。

正規分布の特徴を以下にまとめます。

---

① 平均値を中心に左右対称の形をしている。
② 平均値±標準偏差の領域に，全体の約68.3％が含まれる。
③ 平均と標準偏差の値により，形状が変化する。
④ 実際の分布ではなく，理論的に得られた「理想的な」分布である。

まず特徴①です。正規分布は，左右対称でつり鐘状の形をした，最も理想的で美しい分布とされています。また，**平均値・中央値・最頻値がすべて同じ値を**示します。左右のすそ野は，平均値から離れれば離れるほど横軸に近づいていきます。

さて，特徴②です。ここが重要な性質です。先ほど，分布の散らばりを表す値として標準偏差を紹介しました。正規分布には，平均±標準偏差の範囲に，全体の約68.3％が含まれることが知られています。

たとえば，英語のテスト得点が正規分布を示したとして，平均点60点・標準偏差20点だったならば，60±20…つまり**40点～80点に全受験者の68.3％がいる，ということがわかる**のです。

特徴③は特徴②が関連しています。標準偏差の値が高くなったとしても平均±標準偏差に全体の68.3％が含まれるこ

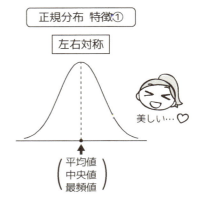

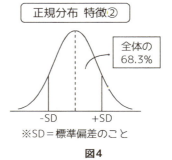

※SD＝標準偏差のこと

図4

とは変わらないので，次ページの図5のように分布の形が**横と下に広がったように変化**します。逆に標準偏差の値が小さくなると，今度は中央に68.3％が集まるため，**縮んで上に伸びるような形に変化**します。しかし，姿を変えたとしても正規分布である限りは，その特徴が失われることはありません。

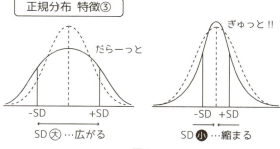

図5

最後に特徴④です。身長や体重などのデータから，心理測定によって得られたデータまで，さまざまな統計データを列挙した時，「正規分布に近い」形のデータはかなり多いことと思われますが，**「正規分布とまったく同じ形」を示すデータはほぼない**，といっても過言ではありません。

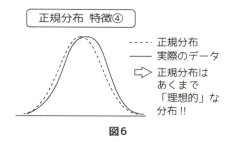

図6

しかし，それら「正規分布に近い」データであっても，現実には**正規分布に従うと仮定して分析する**ことがほとんどです。なぜならば，正規分布は統計学で重要な役割を担っており，正規分布にしたがうと仮定することで，さまざまな統計的分析が可能となり，多くの情報量を引き出すことができるからです（もちろん仮定から得られたデータですから，その内容は近似的なものであり，過信は禁物です）。

なお，どのような分布であったとしても，データの度数が多くなれば多くなるほど，正規分布を仮定しやすくなることが証明されており，**中心極限定理**といわれています。よって，データを正規分布と仮定する最も有効な手段は，データの度数を増やすことです。

MORE!!

中心極限定理をより正確に紹介すると，「データの度数を十分に多くした場合，母集団から複数回無作為抽出した際の標本平均の分布（標本抽出分布）が，正規分布に近似する」という定理のことです。

標準偏差と正規分布 まとめ

- 標準偏差とは，平均値からの得点の散らばりを表す値のこと。
- 正規分布の場合，平均±標準偏差の範囲に，全体の約68.3%が含まれる。
- 正規分布を仮定することで，さまざまな統計的処理が可能となる。

例題4 標準化 ▶▶▶ 難易度 ★★☆

09 標準化と偏差値

standardization and Z-score

学習のポイント
- 比較のためには標準化，と覚えておきたい。
- 標準得点や偏差値は，算出できるようにしておこう。

About this word

本項では，**データの比較**について考えます。

たとえば例題4の被調査者Aの場合，自尊心得点が30点，協調性得点が25点です。一見，自尊心の方が高そうです。しかし，平均値を見ると自尊心が32.0点，協調性が22.0点です。よって，実は自尊心は「平均以下」，協調性は「平均以上」だったのです（図1）。このように，**平均値が異なる場合，得点を単純比較することができません。**

では，例題4の被調査者Bの場合を考えてみましょう。Bは自尊心得点が38点，協調性得点が28点です。先ほど提示した平均と比較すると，**ともに6点ずつ高い**[2]結果です（図2）。これは，自尊心も協調性も，平均より「同じぐらい高い」ことを示すのでしょうか？

ここで前項にて登場した，得点の散らばりを表す値である**標準偏差とその特徴に注目**します。今回の例題4では自尊心の平均値は32.0，標準偏差は4.0です。よって，平均±標準偏差に入る全体の68.3％範囲の得点は図3のように

図1

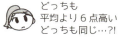

図2

---

2 このような，個々の得点と平均値の差のことを偏差といいます。

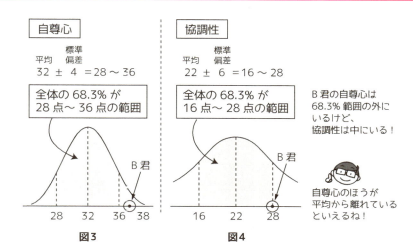

図3 / **図4**

なります。このとき、**Bの自尊心得点38点は、68.3%範囲の外にいる**ことがわかります。

対して協調性得点の平均値は22.0、標準偏差は6.0で、平均±標準偏差の68.3%範囲は図4のようになります。**Bの協調性得点28点は、全体の68.3%範囲の中**にいます。このことから、「**自尊心得点の方が、協調性得点よりも平均から離れている**」という評価が下されるのです。

■ **標準化**

このことからわかるように、平均値や標準偏差が異なると、得点の単純比較ができません。そこで、平均から標準偏差いくつ分離れているか（**標準得点**）を求め、平均からの距離で比較を行います。このように標準得点を求めることで比較可能な状態にすることを**標準化**といいます（図5）。

ex.
標準得点 +1 … 平均より、標準偏差1つ離れている
標準得点 +2 … 平均より、標準偏差2つ離れている
標準得点 -1 … 平均より、負の方向に標準偏差1つ離れている

図5

■ 標準得点と偏差値

標準得点（z値）は、(個人得点−平均)÷標準偏差 で求めます。たとえば例題4のBの場合，図6のように標準得点を求めることができます。自尊心の標準得点は＋1.5，協調性の標準得点は＋1となるため，Bは自尊心の方が高いと評価することができます。このように，**標準化をすれば平均値や標準偏差が異なるデータを比較することが可能**となります[3]。

偏差値（Z値）は、よりわかりやすくするために、標準得点をさらに変換したものです。具体的には、標準得点を、平均50、標準偏差10となるよう変換させたものが偏差値です。

偏差値は 50＋標準得点×10 で表されます（図7）。平均が50，標準偏差が10に変わること以外は、標準得点と同じ性質です。イメージしにくい1前後の小数が中心となる標準得点に対し、50前後の数が中心となる偏差値は「わかりやすさ」という点で、標準得点よりも広く世の中に認知されたのでしょう。

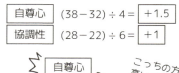

図6

図7

> 標準化と偏差値 まとめ
> ■ **標準化**とは、標準得点を求めることで比較可能な状態にすること。
> ■ **標準得点（z値）の求め方**…（個人得点−平均）÷標準偏差
> ■ **偏差値（Z値）の求め方**…50＋標準得点×10

---

[3] 標準得点は、異なる平均や標準偏差のデータを、平均が0、標準偏差が1となるように変換することで、比較可能な状態にした得点、ということもできます。

確認問題 4

（1） 次の得点は，ある中学生 A 君のテスト成績と，クラス全体の平均点・標準偏差を示したものである。

	A君	クラス全体	
	得点	平均点	標準偏差
数学	60	40	20
国語	70	80	10
英語	60	45	10

① 数学の偏差値を求めなさい。

② 最も平均点から離れていると評価できる科目は何か答えなさい。

（2） 全体のなかでの相対的位置を理解し易くするため，測定によって得られた素点を変換した値（z 得点や Z 得点など）を，総称して　　　　　という。　　　　　に入る適切な用語を答えなさい。

（2013　駒沢女子大学大学院）

解　説

（1）① 標準得点… $(60-40) \div 20 = +1$，
　　　偏差値… $50 + (+1) \times 10 = 60$
　　② 数学の標準得点は①より $+1$。
　　　国語… $(70-80) \div 10 = -1$，　英語… $(60-45) \div 10 = +1.5$
　　　よって，最も標準得点が高いのは英語となる。

解　答

（1）① 60　　② 英語

（2）標準得点

例題4 解答・解説

解答例

①

被調査者		得点	偏差	z値	偏差値
A	自尊心得点	30	−2	−0.5	45
	協調性得点	25	+3	+0.5	55
B	自尊心得点	38	+6	+1.5	65
	協調性得点	28	+6	+1	60
C	自尊心得点	28	−4	−1	40
	協調性得点	19	−3	−0.5	45

対象者100名の平均・標準偏差

	平均	標準偏差
自尊心得点	32.0	4.0
協調性得点	22.0	6.0

② B

③ （例）AやCは，調査対象となった大学生100名の平均値よりも自尊心得点が低いだけで，一般的な平均値よりも低いかどうかは，このデータだけでは判断できないため，AやCは自尊心が低いとは断言できない。

解説

①について，計算式を以下に列挙する。偏差・z値（標準得点）・偏差値は，院試において稀に算出が求められる場合があり，計算方法も手計算でできる範囲なので，ぜひ算出できるようにしておきたい。

	A・自尊心得点	B・自尊心得点	C・自尊心得点
偏差	$30-32=-2$	$38-32=+6$	$28-32=-4$
z値	$(30-32)\div4=-0.5$	$(38-32)\div4=+1.5$	$(28-32)\div4=-1$
偏差値	$50+(-0.5)\times10=45$	$50+(+1.5)\times10=65$	$50+(-1)\times10=40$

	A・協調性得点	B・協調性得点	C・協調性得点
偏差	$25-22=+3$	$28-22=+6$	$19-22=-3$
z値	$(25-22)\div6=+0.5$	$(28-22)\div6=+1$	$(19-22)\div6=-0.5$
偏差値	$50+(+0.5)\times10=55$	$50+(+1)\times10=60$	$50+(-0.5)\times10=45$

例題5　2変数の関連

【問】社会不安障害者は，社会的状況での交流や，人前でスピーチをしたりパフォーマンスをしたりすることなど，他者から評価を受ける可能性のある状況に関して過度に恐れを抱くことを特徴とする病態であるとされている。

以下に示すTable1は，社会不安に関連する尺度得点間の相関係数を示したものである。

SFNE…社会不安障害に特徴的な認知的側面である，他者からの否定的評価の恐れの程度を測定する尺度。
SADS…社会的場面における回避行動や経験される不安感を測定する尺度。
SDS…抑うつを測定する尺度。
NRS…ネガティブな反すうを測定する尺度。

Table1　本研究で用いられた変数間の相関係数

	SFNE	SADS	SDS
SADS	.48	—	
SDS	.38	.53	—
NRS	.41	.45	.62

※記された相関係数はいずれも1％水準で有意である

〈城月健太郎・笹川智子・野村忍（2007）ネガティブな反すうが社会不安傾向に与える影響，健康心理学研究，20（2），42-48〉より一部抜粋

Table1の結果をもとに次のような考察を行った。この考察の問題点を指摘し，結果から見て妥当と考えられる考察を行いなさい。

> SFNEとSADSの間に高い相関が見られた。この結果から，他者からの否定的評価を恐れることにより，社会的場面における回避行動や不安感が引き起こされることが示された。さらに，SADSはSDSとNRSのいずれとも高い相関を示しており，回避行動や不安感は，抑うつやネガティブな反すうを引き起こすと考えられる。
> そのため，社会不安障害に対する援助として，他者からの否定的評価を修正することで，回避行動や不安感，抑うつを低減することができるだろう。

（2011　東京成徳大学大学院）

例題5の攻略ポイント

・相関係数の解釈の誤りを指摘し，修正する問題。
・まず相関係数とは何か，正しい知識を得る必要がある。また，相関係数は解釈の誤りが起こりやすい。複数の視点で誤りを指摘したい。

▶ 用語解説は次ページから　▶ 解答例はp.78

例題5 2変数の関連 ▶▶▶ 難易度 ★☆☆

10 相関係数

correlation coefficient

学習のポイント
- □ 相関係数は，算出方法よりも特徴の理解を優先しよう。
- □ 散布図から，大まかな相関係数が推測できるようになろう。

About this word

もし「勉強時間が多い人は，テストの成績が良い」という場合，勉強時間とテスト成績に関連があるといえます。このように，<u>2つの変数の関連が強いこと</u>を指して**「相関が強い」**と表現します。そしてその強さを数量化したものが，**相関係数**[1] という値です。

■ 散布図と相関係数

図1は，ある高校生10名の数学・理科の得点と，数学・英語の得点をならべたものです。このデータについて，①**数学と理科の得点に相関があるか？** ②数

	数学	理科
A	100	90
B	90	100
C	90	90
D	70	50
E	60	70
F	40	50
G	30	70
H	10	30
I	10	40
J	0	10

数学が高い人は理科も高そう！

	数学	英語
A	100	40
B	90	30
C	90	70
D	70	10
E	60	50
F	40	60
G	30	90
H	10	20
I	10	10
J	0	20

数学と英語は関連がなさそう。

図1

---

1 相関係数とだけよばれることが多いですが，正式には，ピアソンの積率相関係数という名称です。

散布図で表してみると!?

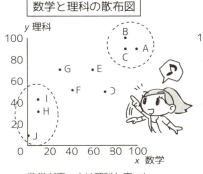

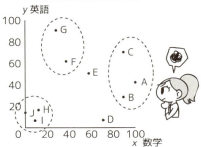

図2

学と英語の得点に相関があるか？ それぞれ検討していきたいと思います。

まずは図2のように各個人の得点をまとめてみました。このように、<u>個々の得点をＸＹ平面上に配置した図</u>のことを**散布図**といいます。

数学と理科の散布図を見ると，数学の得点が高い人は理科の得点も高く，数学の得点が低い人は理科の得点も低いことから，どうやら数学と理科の相関は強そうです。

しかし，数学と英語の散布図を見ると，数学の得点が高いからといって英語の得点が高いとは限らず，逆に数学の点が低いからといって英語の点も低いとは限りません。どうやら数学と英語の相関は弱そうです。

では，実際に相関係数を算出してみましょう。図1のデータを入力して相関係数を算出すると[2]，数学と理科の相関係数は0.80となりました。同様に数学と英語の相関係数を算出すると，$r=.21$となりました。このことから，数学と英語より，数学と理科の方が強い相関とわかります（図3）。なお，論文では，相関係数を$r=.80$というように表記[3]します。

相関係数を算出してみると…?

数学と理科　$r=.80$
数学と英語　$r=.21$

数学と理科の方が関連が強いってことですね！

ちなみに、.80 というのは0.80 のことです

図3

---

2 大学院入試では，相関係数の算出処理よりも，例題5のように算出済みの相関係数を解釈させる問題の方が圧倒的多数です。よって本書では，相関係数の算出方法は省略します。
3 0.80 は，.80 と最初の0 を省略するのが通例です。また，記号rは斜体にします。

■ 相関係数の特徴

相関係数は，2変数が強く関連しているときほど±1に近づき，そうではないほど0に近づくという特徴をもっています（図4）。ただし，相関係数の値について，「〇〇以上の値ならば相関は強い」といった明確な基準はありません。以下は判断の目安です。

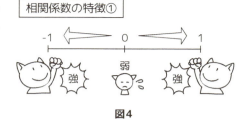

図4

```
0.0≦|r|≦0.2  ほとんど相関なし
0.2＜|r|≦0.4  弱い相関がある
0.4＜|r|≦0.7  中程度の相関がある    ※|r|は，相関係数の絶対値
0.7＜|r|≦1.0  強い相関がある       （±のない値）を表す。
```

相関係数がマイナスになる時は，ある変数の値が大きければ大きいほど，もう片方の変数が小さくなる…という関連の強さを見せる時で，**負の相関**とよばれます。たとえば以下の図5のように「TVの視聴時間と勉強時間」が示されたとします。この状況は，TVの視聴時間が長いほど勉強時間が少なくなる，という負の相関と予想されます。負の相関は，図5のように右下がりの散布図になることが特徴です。

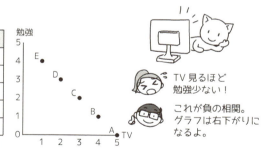

図5

次に，相関係数と散布図の関係をまとめたものが図6です。図6のように散布図の点を囲んだとき，その囲みが円に近いほど**相関係数は0に近い**（相関が弱い）ことを表し，直線に近いほど，**相関係数は±1に近い**（相関が強い）ことを表します。また，正の相関の時は右上がりに，負の相関の時は右下がりになります。このように散布図を円で囲むことにより，おおよその相関係数を推測することが可能です。

相関係数の特徴③

散布図を円で囲むことにより相関係数の値が推測できる！

円に近い→0に近づく
直線に近い→1に近づく

右上がり→正
右下がり→負

$r=-.70$　　$r=-.30$　　$r=.00$　　$r=.30$　　$r=.70$

図6

最後に，本項で学んだことをもとに，改めて例題5を見てみましょう。例題5のTable1に相関係数が示されています。この表から，SADSとSFNEの相関係数が$r=.48$と中程度の相関を示していることがわかります。

では，SADSとSDSの相関係数はいくつでしょうか。これは，図7のように読み取ることで$r=.53$であるとわかります。この表記は論文独特のものですので，ぜひ慣れてください。

なお，例題5の考察では「高い相関が得られた」と述べられていますが，$r=.48$や$r=.53$といった相関係数は，決して高い値とは言い切れません。指摘すべき問題点の1つとしてあげられるでしょう。ただし，**例題5の考察ではそれ以上に重大な指摘点**があります。その点については，次項で詳しく説明することにしましょう。

	SFNE	SADS	SDS
SADS	.48①		
SDS	.38	.53②	
NRS	.41	.45③	.62

SADSとSDSの相関は？

②にかいてあるよ！

そっか！ じゃあSADSとの相関は、①②③の順にみればいいんだ！

図7

相関係数 まとめ

- 相関係数とは，関連の強さを表す値（範囲は−1から+1まで）。
- 0に近いほど相関が弱く，±1に近いほど相関が強い。
- 散布図から，ある程度の相関係数の推測が可能である。

例題5 2変数の関連 ▶▶▶ 難易度 ★★☆

11 相関関係と因果関係

correlation coefficient and causality

学習のポイント
□ 相関関係と因果関係を，明確に区別できるようになろう。
□ さまざまな相関係数の注意点を，整理して理解しておこう。

About this word

相関関係と因果関係は混同されやすいですが，異なるものです。**因果関係**とは，明確な「原因と結果」が存在する共変関係のことです。相関関係には明確な「原因と結果」が存在しません（図1）。そのため，**相関関係があるからといって，因果関係があるとは限りません。**

たとえば，暴力番組の視聴時間と攻撃性に強い正の相関が確認されたとします。しかしこれだけでは，①暴力番組の視聴（原因）によって攻撃性が増加した（結果）のか，②もともと攻撃性が高いために（原因），暴力番組を好んで視聴する（結果）のか，あるいは③その両方なのか，判断できないのです（図2）。

相関関係の解釈をしているうちに，いつのまにか（ダメと知っていても，無意識的に）因果関係として解釈してしまう誤りはとても多いです。この誤りが，例題5でも起こっています。

相関関係
xとyの変化に関連がある

因果関係
xが原因でyが変化する

図1

図2

SFNEとSADSの間に高い相関が見られた。この結果から，他者からの否定的評価を恐れることにより，社会的場面における回避行動や不安感が引き起こされることが示された。さらに，SADSはSDSとNRSのいずれとも高い相関を示しており，回避行動や不安感は，抑うつやネガティブな反すうを引き起こすと考えられる。

　上記の下線部に注目すると，「否定的評価を恐れることにより（原因），回避行動や不安感が引き起こされる（結果）」という，因果関係を想定した文章になっています。例題5では相関係数しか示されていないために，この考察は適切ではありません。このように，**単なる関係の強さを表す相関関係から，短絡的に因果関係の解釈をしてはならない**，ということは肝に銘じておきましょう（上記考察の修正例はp.78を参照）。

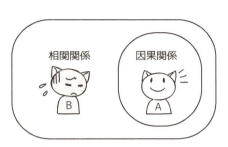

 相関関係があっても因果関係があるとは限らない！

図3

MORE!!

　因果関係の成立には，以下の3つの条件が必要です。
1. 独立変数（原因）が従属変数（結果）よりも，時間的に先行していること。
2. 理論的に，因果関係に必然性と整合性があること。
3. 他の変数の影響を除いても，独立変数と従属変数の間に相関関係があること。

　次からは，さまざまな相関係数の解釈の注意点を紹介します。

■ 注意点①　擬似相関

　ある研究で「おこづかいの金額」と「計算テストの結果」の2つに強い相関が報告されたとします。つまりこの結果だけ見れば，おこづかいの金額と計算力に強い関係性がある（！）ことになります。でも，非現実的なこの結論…はたして適切なものなのでしょうか。

　XとYに本当は相関がないにもかかわらず，第3の変数Zによって「見かけ上」現れた相関のことを**擬似相関**といいます。先ほどの例では，今回の第3の変数Zとして「年齢」が想定されます。一般的に小1より中3の方がおこづかいは多いでしょうし，小1より中3の方が計算力は高いでしょう。結果，おこづかいの多さは，年齢を媒介して，計算力の高さと関連をもったことになります（図4）。も

ちろん，小1だけ，中3だけなどで，おこづかいと計算力の相関を調べたら…きっと高い相関は出ないことでしょう。なお，このように第3の変数の影響を取り除いた相関係数のことを，**偏相関係数**といいます。

例題5にも擬似相関の恐れがあります。SADSとSFNEの相関係数は$r=.48$ですが，SADSとSFNEの両方に相関関係があるNRSが存在するため，図5のように擬似相関である可能性が生じます。よって，例題5の考察の最初「SFNEとSADSの間に高い相関が見られた」という文章が，適切ではない可能性があるのです。

■ **注意点② 外れ値の影響（合併効果）**

平均値や標準偏差が，他の値と極端に大きさの違う**外れ値**とよばれる値によって大きく影響を受けることと同様に，実は相関係数も外れ値によって大きく影響を受けます。

たとえば図6は，外れ値1つの影響で相関係数が大きく変わったことの例です。外れ値がない時は，散布図が円形に近いため$r=.12$とほぼ無相関に近いのですが，外れ値のために散布図が直線形に近くなり，$r=.89$と本来存在しない相関が算出されてしまいます[4]。

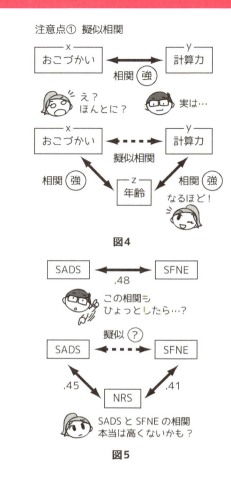

図4

図5

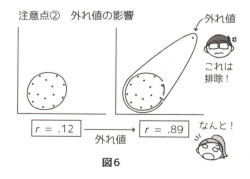

図6

---

[4] 今回の例は，外れ値によって「低かった相関係数が高くなってしまう」例をあげましたが，外れ値によって「高かった相関係数が低くなってしまう」こともあります。

このような現象を**合併効果**[5]といいます。もちろん，合併効果が生じた場合，分析・解釈の結果は妥当なものではありません。

このような外れ値は，データを集めた時点で度数分布表やヒストグラム，散布図などで発見しておき，**あらかじめ排除したうえで分析を進めるべき**です。

■ 注意点③　切断効果（選抜効果）

<u>集団の一部のみで相関係数を算出すると，もとの相関係数よりも低くなる</u>ことがあります。このことを**切断効果（選抜効果）**といいます。

たとえば図7は切断効果の例です。集団全体では，散布図が右上がりの直線に近いため $r=.72$ という正の相関が示されていますが，その集団を切断し，一部のみで相関係数を算出すると，相関係数が $r=.12$ と低くなってしまいます。

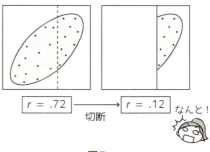

図7

MORE!!

相関係数を2乗した値（r^2）を**決定係数**といい，決定係数を百分率（％）に直したものを**説明率**といいます。たとえば前項の数学と理科の相関係数 $r=.80$ の場合，$r^2=.64$（$=0.8^2$），説明率は64％です。これは，理科のテスト得点の個人差（分散）の64％が，数学のテスト得点で説明できることを示します（同様に，数学のテスト得点の個人差の64％が，理科のテスト得点で説明できることを意味します）。

相関関係と因果関係 まとめ

- ■ **因果関係**とは，明確な原因と結果が存在する共変関係のこと。
- ■ 相関関係があるからといって，因果関係があるとは限らない。
- ■ 相関係数は，擬似相関の可能性や，合併効果，切断効果などさまざまな注意点があるため，解釈には知識と注意が必要。

5　外れ値以外にも，本来無相関であるはずの2群が合併することによって，合併効果が生じることがあります。

確認問題 5

(1) 次のア～カにふさわしい相関係数を，A～Fより選んで答えなさい。

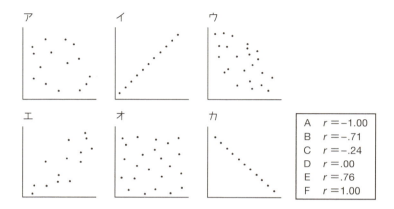

A　$r = -1.00$
B　$r = -.71$
C　$r = -.24$
D　$r = .00$
E　$r = .76$
F　$r = 1.00$

解　説

以下のように，散布図を円で囲むことにより，大まかな相関係数が推測できる。

右下がりは負の相関であるため，ア・ウ・カがA～Cのいずれかと判断できる。カは直線であるためA，アよりもウの方が直線に近いためB，アがCと判断できる。同様に右上がりの正

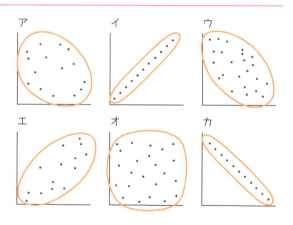

の相関についても，イが直線であるためF，エがEと判断できる。オは円に最も近いためDと判断することができる。

解　答

ア　C　　イ　F　　ウ　B　　エ　E　　オ　D　　カ　A

(2) 右図は，大学の入学時のテスト（入試）の成績と入学後のテストの成績を仮想的に示したものである。

入試の成績と入学後の成績の関係を調べるために，合格者（図のＸ軸が300点以上の者）のみについて，入試の成績と入学後の成績の相関係数を算出すると，どのような問題が生じるか答えよ。

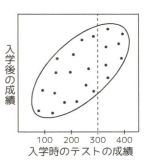

（2013　兵庫教育大学大学院）

解　説

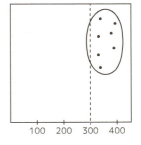

切断効果を中心に論述すればよいだろう。合格点以上の者のみで相関係数を算出することにより，散布図が円形に近くなり，相関係数の低下が予想される。

さらになんらかの形で教育現場への提言を行うと，より論述のクオリティを上げることができる。たとえば実際の教育現場で，**入学した生徒だけで入試成績と入学後の成績を比較することに，さほど意味がない**ことが提言できる。他に，入学した生徒だけで入試成績と入学後の成績の相関を調べ，そこで有意な相関が無かったからといって，**「入試に意味がないのでは？」と考えることは，決して妥当でない**ことなど，さまざまな提言が可能であろう。

論述解答例

入試成績と入学後の成績について，高い相関が得られることが予想される。だが，合格者のみを選抜して相関係数を算出することにより，切断効果によって相関係数が低下するという問題が生じる。そのため，合格者のみで相関係数を算出する場合は，解釈に十分注意する必要がある。たとえば仮に，合格者のみで入試成績と入学後の成績の相関を求め，高い相関が得られなかったとしても，その結果のみで入試そのものに意味がなかったと結論づけるのは早計といえよう。

例題5 解答・解説

論述解答例

　本考察の問題点としてまず，最初の「SFNE と SADS の間に高い相関が見られた」という文に注目したい。Table1 によると SFNE と SADS の相関係数は $r=.48$ で，この値は決して低くはないが，高いとも言い切れない。また，SFNE と SADS はともに，SDS や NRS とも同程度の相関係数が示されているため，SFNE と SADS の相関は擬似相関の可能性がある。そのため，Table1 の相関係数のみで「SFNE と SADS の相関は高い」とみなしてよいか，十分に議論の余地がある。

　また，本考察の問題点として相関関係と因果関係の混同をあげたい。本考察では「他者からの否定的評価を恐れることにより，社会的場面における回避行動や不安感が引き起こされる」など，因果関係を想定した考察が見られる。だが Table1 で示されているのは相関係数のみで，因果関係が明らかになったわけではない。否定的評価が原因で，回避行動や不安感が引き起こされた可能性もあれば，回避行動や不安感が原因となって，否定的評価を恐れるようになった可能性もある。この両方の可能性もある。相関係数だけでは，上記の可能性のどれが適切かは判断できない。

　以上のことから，結果から見て妥当と思われる考察は以下のようになる。

　SFNE と SADS の間に中程度の相関が見られた。この結果から，他者からの否定的評価を恐れることと，社会場面における回避行動や不安感に，関連があることが示された。だが，SFNE，SADS ともに SDS，NRS とも中程度の相関が見られるため，SFNE と SADS は擬似相関の可能性がある。よって今後の課題として，SDS，NRS の影響を除いた，SFNE と SADS の偏相関係数を算出することが求められよう。

解　説

　例題5 の考察の問題点は，主に①相関係数の値の解釈（.48 は「強い」のか？），②擬似相関の可能性，③相関関係と因果関係の混同，と考えられる。なお，擬似相関の可能性がある以上，Table1 のみでは「データとして不完全」と考えられる。そのため上記の解答例ではあえて，社会不安障害者に対する援助の提言ができるほどのデータがそろっていないと判断し，社会不安障害者への援助に関する文面を全面カットした。

例題6　内的・外的妥当性

【問】ある大学院生が，教授法Aと教授法Bの教育効果を調べるために，教授法A群，教授法B群，統制群の3群に分けて教授した後の学力テストの得点を比較しようとした。「どうしても有意差を得たい」と先輩に相談したら，「ほぼ全員が偏差値50の生徒であるX高校で実験すれば得られやすいよ」と教えられた。先輩はなぜこのような助言をしたのか。また，有意差が得られたとしてどんな問題が考えられるか，それぞれ説明しなさい。

（2012　愛知淑徳大学大学院）

たとえば…効果があるのは，どれ？

教授法A
話し合い中心

教授法B
ひたすらプリント

統制群
通常通りの授業

例題6の攻略ポイント

- 実験対象者の選択が，結果にどんな影響を及ぼすか説明させる問題。
- 本問のような教授法にかかわらず，なんらかの介入が「効果あり」と認められるためには，内的妥当性と外的妥当性の両方が高い必要がある。
- 内的妥当性・外的妥当性とは何か，内的妥当性・外的妥当性を高めるためにはどのようなことが必要か，理解するところからはじめよう。

▶ 用語解説は次ページから　▶ 解答例は p.90

例題6 内的・外的妥当性 ▶▶▶ 難易度 ★★☆

内的妥当性

internal validity

学習のポイント
- [ ] 重要専門用語多数。1つ1つの用語のていねいな理解を。
- [ ] 実験において「統制」がなぜ重要なのか，述べられるように。

About this word

例題6では，教授法Aと教授法Bの教育効果を，**実験法**という手続きで検討しています。たとえば図1のように，教授法Aのみ高いテスト成績を示したならば[1]，教授法Aの教育効果が高かったといえます。

実験法にはさまざまな用語が登場するため，まずは実験法の用語を，1つ1つていねいに理解していきましょう。

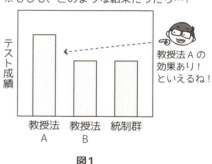

※もしも，このような結果だったら…？

教授法Aの効果あり！といえるね！

図1

■ 独立変数と従属変数，実験群と統制群

実験法とは，独立変数の操作を加えた群と加えていない群を用意し，従属変数の比較を行う手法です。

独立変数とは，研究者が実験で操作する変数のことを指します。たとえば例題6の場合，教授法A群にどんな教授法を行うか，教授法B群にどんな教授法を行うかは，研究者が「操作」できるため，「教授法」は独立変数に相当します。**従属変数**は測定される変数のことで，研究者が操作することはできないものです[2]。たとえば例題6の場合，「学力テストの得点」が従属変数に相当します。

なお，独立変数の操作が加えられた群を**実験群**，独立変数の操作が加えられていない群を**統制群**といいます[3]。例題6における統制群とは，特別な教授法は実

---

1 統計的に差が認められることを指して「有意差がある」と表現します。今回の場合，分散分析とよばれる検定を行い，有意差を明らかにします。詳細は p.108「17 分散分析」で。
2 従属変数を操作してしまうことは，いわば結果の改ざんであり「不正行為」になってしまいます。

施されず、通常通りの教授法がそのまま実施された群のことです。教授法A群と教授法B群は、ともに実験群です（図2）。

図2

　独立変数と従属変数に、それぞれ<u>原因</u>と<u>結果</u>に対応しています。つまり、実験群（教授法A群・B群）の方が、統制群よりも高いテスト得点を示したならば、それは「教授法」（原因）によって「高いテスト得点」を得た（結果）ことがわかります。このように、実験法は<u>因果関係の特定</u>ができる、という点が最大の長所です。独立変数と従属変数の特徴をまとめると、表1のようになります。

表1

	独立変数	従属変数
例	教授法 （A or B or なし）	テスト得点 （高い⇔低い）
因果	原因	結果
操作	可能	不可能

■ 統制と交絡

　しかし、実験法を使えば、絶対に因果関係を特定できるというわけではありません。**もし教授法A群の生徒のほとんどが、もともと優秀な生徒ばかりだとしたら**、どうでしょうか。A群が高いテスト得点を示したとしても、その原因が「教授法Aのため」なのか「もともと優秀であるため」なのか、特定できなくなってしまいます（図3）。

　このように、<u>従属変数の変化に対して、独立変数以外の変数が影響を与えること</u>を

図3

3　統制群のことを、比較対照としての「対照群」とよぶこともあります。

交絡といいます。交絡が起こってしまった場合は，従属変数の変化の原因を，独立変数に求めることができません。

そこで必要になるのが**統制**です。統制とは，独立変数以外の変数（**剰余変数**）が従属変数に影響を与えないようにするために，独立変数以外の剰余変数をすべて偏りのない状態にすることです[4]。今回の例題6でいえば，教授法A群もB群も統制群も「もともとの学力」に偏りがない状態にしておく必要があります。図4のように，統制に成功し「教授法A群・B群・統制群の違いは，教授法（独立変数）だけ」という状態になってはじめて，「テスト結果（従属変数）が変化した原因は，教授法（独立変数）のため」といえるのです[5]。

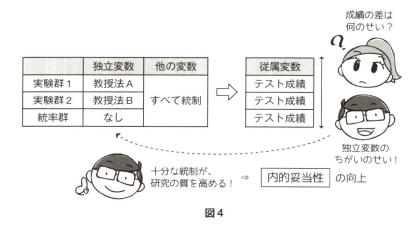

図4

図4のように，独立変数と従属変数の因果関係が適切に示されている状態を指して「**内的妥当性**が高い」と表現します。内的妥当性は，剰余変数の十分な統制によって，交絡を防ぐことで確保されます。

例題6における「ほぼ全員が偏差値50の生徒であるX高校で実験すればよい」という先輩の発言は，X高校ならばどの群も「もともとの学力の偏り」がなくなり（ほぼ全員偏差値50）統制された状態となるため，内的妥当性を確保しやすいから，と考えられるでしょう。

なお，統制すべき条件は「もともとの学力」だけではありません。右ページの図5のように，さまざまな剰余変数によって交絡が起こります。そのため，完全な統制は事実上不可能です。

---

[4] 独立変数の操作が加えられていない群を統制群とよぶのは，独立変数以外はすべて同じ（＝統制されている）という意味が込められています。

[5] 交絡と統制について，料理を例にあげてみましょう。塩も味噌もしょうゆも分量を変えてしまうと，どの調味料が原因で味が変わったのか特定できません（交絡）。そこで，塩の量だけ変えて，他の調味料や材料はまったく同じにして料理を作れば（統制），味が変わった原因を「塩のせい！」と特定できます。

そのため、**従属変数の変化に大きく影響する剰余変数を優先して統制する**ことが求められます。たとえば図5の場合、食事の量よりも学習時間を統制する方が優先でしょう[6]。

最後に、**統制群の必要性**について述べたいと思います。「何も特別なことをしていない」統制群が、なぜ必要なのでしょうか。図6のように統制群なしでも、教授法Aの効果が

交絡の可能性として…？

・A群の方が、学習時間が長いかも？
・A群の方が、やる気があるかも？
・A群の方が、裕福な家庭の子が多いかも？
・A群の方が、イケメンが多いかも？
・A群の方が、よく食べる子が多いかも？
　　　　　　　　　　　　　　なになど…。

完全な統制は、ほぼ不可能！

図5

示せそうな気がします。しかし仮に図7のような結果だったならば、教授法Aに効果があったのではなく、教授法Bが逆効果だったことがわかります。このように、**独立変数**（例題6の場合　教授法）**の効果は、独立変数の操作を加えていない**（＝何も特別なことをしていない）**統制群との比較で、はじめて明らかになる**のです。

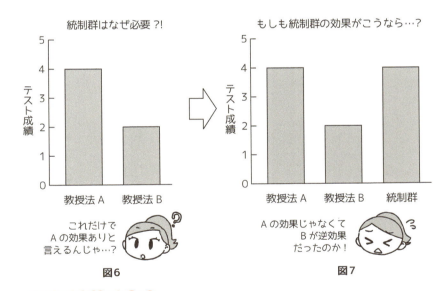

図6　　　　　　　　　　　　　　　　　　図7

内的妥当性 まとめ

■ 独立変数の操作を加えた群を実験群、加えていない群は統制群。
■ 内的妥当性とは、独立変数と従属変数の因果関係の適切さのこと。
■ 内的妥当性は、十分な統制によって交絡を防ぐことで確保される。

6　教授法A群・B群・統制群で、同じ学習時間にしておかないと、高いテスト結果を得たとしても「教授法のため」なのか「長い学習時間のため」なのか、判別できなくなってしまうためです。

例題6 内的・外的妥当性　▶▶▶　難易度 ★★☆

13 外的妥当性

external validity

学習のポイント
□ 無作為抽出という言葉の意味を，正しく理解しよう。
□ 得た結果を一般化するために何が必要か，おさえていこう。

About this word

例題6のように，教授法Ａと教授法Ｂの効果を検討するには，はたして何人の高校生を対象に実験すればよいでしょうか。もちろん，理想的には全国の高校生全員を対象に実験すればよいのですが，そのような話は現実的ではありません。実際には，高校生全員を推測するのに妥当なレベルの人数でデータを集め，それを分析して「たぶん，高校生全員を対象としたらこれぐらいだろう」と推測するしかありません。

上記のように，対象集団を直接調べることが難しい場合，一部のデータを取り出して，そこから対象集団全体を推測するという手法が取られます。この手法のことを，**推測統計法**といいます[7]。そして，対象集団全体（たとえば，高校生全体）を**母集団**といい，母集団を推測するために用いる集団の一部（たとえば，高校生数人のデータ）を**標本**といいます。

つまり，推測統計法では，図1のように母集団から標本を抽出して，その標本を統計的に分析することによって，母集団を推測します。この方法により，到底調べられないような大集団についても，調べることが可能となるのです。

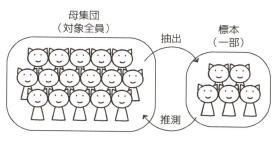

図1

---

[7] 推測統計法に対し，推測を挟まずに対象集団を直接調べる方法を記述統計法といいます。詳しくはp.47「例題3　記述統計法」を参照。

■ 無作為抽出

母集団を推測するために，標本となるデータを集めることを**標本抽出**といいます。このとき標本は，母集団の特徴を偏りなくもつように抽出される必要があります。

たとえば，下図のようにA中学の全生徒を母集団とする標本を抽出する場合，1年生だけ抽出しても，男子だけ抽出しても，A中学の全生徒の推測には適さないでしょう。A中学の全生徒という母集団を推測するためには，母集団の特徴がそのまま反映された，まるで母集団のミニチュアのような標本が必要なのです。

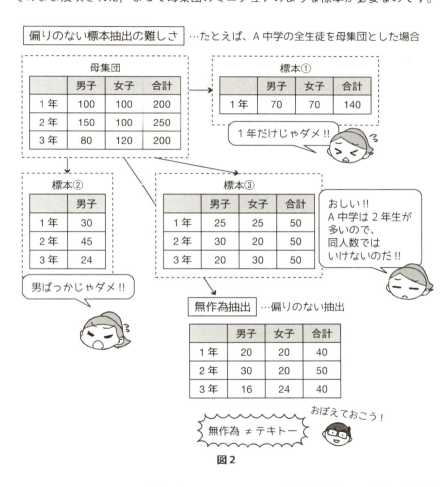

図2

このように，母集団の特徴を偏りなくもつように標本抽出することを，**無作為抽出（ランダム・サンプリング）**といいます。この無作為（ランダム）という言葉が厄介で，ランダムと「テキトー」は異なることに注意する必要があります。

たとえば，男女比が半々である母集団について無作為抽出する場合，「テキトー」に選んでいては，男女比が半々になる可能性はほとんどありません。人間は乱数

発生器ではないので，「テキトー」に選んでいるつもりで，なんらかの偏りが出てしまうことが多いのです。

■ **外的妥当性の問題**

外的妥当性とは，結果を一般化する適切さのことです。特定の集団のみに当てはまる結果ではなく，さまざまな対象に結果を当てはめることができる場合「外的妥当性が高い」と，逆に特定の集団のみに当てはまる結果で，他の対象に結果を当てはめることができない場合「外的妥当性が低い」と表現します。

無作為抽出の実現は，外的妥当性の確保に大きく影響します。たとえば右下の図3を見てみましょう。数字は偏差値を表しています。Y高校という母集団の平均偏差値50に対し，抽出した標本の平均偏差値は40です。よって，**この標本は「学力下位」に偏っており，無作為抽出が実現できていません。**そのため，この標本の実験結果を，母集団に一般化するべきではないでしょう。外的妥当性は低いといえます。

では，例題6の場合はどうなるでしょうか。右の図4のように，X高校という母集団はすべて偏差値50であるため，抽出した標本もすべて偏差値50です。そのため，無作為抽出が実現できています。しかしこの標本は，**偏差値50の母集団しか推測できません。**つまり，仮に例題6で教授法Aの効果が示されたとして，「偏差値50の生徒には，教授法Aが有効」と述べることはできますが，「偏差値40や60の生徒であっても，教授法Aが有効」とは，述べられないのです。よって，例題5の「ほぼ全員が偏差値50の生徒であるX高校で実験すればよい」という先輩の発言は，実験結果の一般化という意味で，外的妥当性の問題が生じます。

仮に図5のように，さまざまな偏差値をもつ高校生から無作為抽出に成功した場合，その標本を用いた実

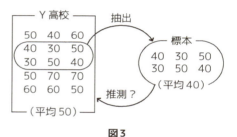

図3

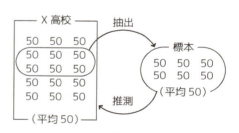

図4

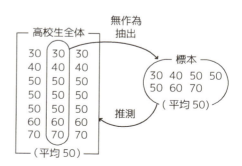

図5

験結果は、さまざまな偏差値の高校生に適用される一般性の高いもの（＝外的妥当性が高い）といえます。このように、外的妥当性の確保には、適切な母集団の設定と無作為抽出の実現が必要となります。

■ **標本の大きさ**

標本を形成する個体の数（人数）のことを、**標本の大きさ**（n）といいます。あまりにもnが小さいと、図6のように、母集団とのズレが大きくなります。対して、nが大きければ大きいほど標本が母集団に近づき、精度の高い推測が可能になるといわれています。そのため、**十分な標本の大きさは外的妥当性の確保につながります**。心理学の研究において、多くのデータが集められる質問紙法によるデータ収集が好まれるのは、このためなのです。

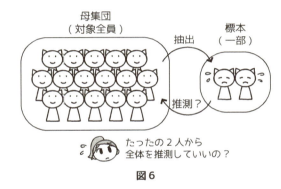

図6

MORE!!

nが母集団の大きさ（N）と異なることから生じる誤差を数値化したものを、標準誤差といいます。標準誤差を求める式は右図の通りです。この式から、nを大きくすればするほど、標準誤差が小さくなることがわかります。

標準誤差

$$標準誤差 = \frac{Sx}{\sqrt{n}}$$

Sx…標本の標準偏差
n …標本の大きさ（人数）

外的妥当性 まとめ

■ 無作為抽出とは、母集団から偏りなく標本抽出すること。
■ 外的妥当性とは結果の一般化の適切さのことで、適切な母集団の選定、無作為抽出の実現、十分な標本の大きさによって確保される。

確認問題6

(1) 無作為抽出に関する以下の文のうち，最も適切なものはどれか。

ア 男女100名ずつ計200名の学生がいる。ある教員は，標本を無作為抽出するために「誰でもいいから20名選んで」と指示を受けた。

イ ある教員は，男女100名ずつ計200名の母集団から，男女10名ずつ選び「完全なる無作為抽出を実現できました」と報告した。

ウ ある都市は北地区に人口の30%が，南地区に人口の70%が集まっている。支持政党調査のため，上記の人口比率に応じて無作為標本抽出を行った。

エ ある都市は北地区に人口の30%が，南地区に人口の70%が集まっている。支持政党調査にあたり，南地区への人口の偏りを調整するため，北地区と南地区が50%ずつになるよう，無作為標本抽出を行った。

解　説

ア 母集団は男女100名ずつで人数比が等しい。だが，「誰でもいいから20名」選ぶと，男子の方が多くなったり女子の方が多くなったりする可能性がある。結果，無作為抽出とはいえない。よって誤り。

イ 男女10名ずつで，人数比に関しては無作為抽出が実現できている。だが，たとえば男子10名が学力上位層に偏っているなど「完全な無作為抽出」ではない可能性が十分考えられ「完全な無作為抽出の実現」は言い過ぎである。よって誤り。なお「完全な無作為抽出に可能な限り近づける」ことはできるが「完全な無作為抽出の実現」は不可能といっても過言ではないだろう。

ウ このような無作為抽出のことを，層化抽出法とよぶ。母集団となる都市の人口比率に合わせて抽出しているため，母集団の特徴が標本にも反映されている。よって適切。

エ 北地区と南地区が50%ずつになるよう標本抽出すると，母集団となる都市の「南地区の人口が多い」という特徴が失われるため，得た標本は母集団と異なる特徴をもってしまう。よって誤り。

解　答

ウ

(2) 空欄A～Hにふさわしい言葉を回答欄に記入しなさい。

「ある音楽をバックグラウンドミュージックとして流すと，食事をしている人たちの食欲が増す」という ボックス A を検証するために実験が行われた。この場合，音楽は ボックス B 変数であり，消費された食事の量は ボックス C 変数である。これらの因果関係を明確にするために，被験者に影響を与える照明や室温などの他の条件は ボックス D 必要がある。そして，この音楽を聴かせる群を ボックス E 群，音楽を聴かせない群を ボックス F 群とよび，両群の食事量を比較する。両者の結果を ボックス G 的に検定して ボックス H があれば， ボックス A は検証されたことになる。

(2012 駒沢女子大学大学院)

解 説

実験法では，研究者の仮説に基づき独立変数と従属変数を設定する。独立変数は原因で，従属変数は結果に相当するため，今回の「音楽で食事量が増す」という仮説に基づくと，音楽が独立変数，食事量が従属変数と考えられる。

また実験法では，独立変数の操作を加えた群を実験群，独立変数以外はすべて統制されている群を統制群（対照群）とよび，実験群と統制群の従属変数の変化を検討する。今回は，音楽を聴かせる群が実験群，音楽を聴かせない群は統制群となる。また，今回の従属変数である食事量には，照明の明るさや室温などが影響する。たとえば実験群の室温が適温で，統制群の室温が高温だったならば，音楽で食事量が変化したのか，室温で食事量が変化したのか明確にならず，交絡が生じる。そのため，このような交絡の原因となりうる条件（剰余変数）は，実験群と統制群で十分に統制しておくことが求められる。

十分に統制がなされた実験群と統制群で食事量を比較し，統計的に有意差が得られたならば，仮説は検証されたことになる。なお今回の場合は，t検定とよばれる統計的検定で有意差を検討する。詳細はp.104で。

解 答

A 仮説		B 独立		C 従属		D 統制する	
E 実験		F 統制（対照）		G 統計		H 有意差	

例題6 解答・解説

解答例

　教授法を独立変数，学力テスト得点を従属変数とした場合，教授法以外の変数は剰余変数となるため，すべて統制されている必要がある。とくに教授法の教育効果を調べる前の「もともとの学力」は，従属変数に大きな影響を与える可能性が高い，優先して統制すべき剰余変数と考えられる。仮に教授法Ａ群やＢ群の学力テスト得点が高かったとしても，教授法Ａ群やＢ群に「もともと優秀な生徒」が集まっていたら，高いテスト得点は，教授法ＡやＢの教育効果なのか，「もともとの学力」なのか判別できず，交絡が起こってしまうからだ。先輩が「ほぼ全員が偏差値50のＸ高校」を勧めたのは，このような「もともとの学力」を統制し，研究の内的妥当性を高めるためと考えられる。

　しかし「ほぼ全員が偏差値50のＸ高校」を標本として用いることで，そこから推測できる母集団は「偏差値50の高校生のみ」になってしまう。よって，仮に教授法ＡやＢの教育効果を確認できたとしても，その結果を偏差値50以外の高校生に適用することはできない。このように，先輩の助言に従って有意差を得られたとしても，結果を一般化できる範囲が限られる点で，外的妥当性の問題が生じてしまうといえよう。

解説

　解答例は，内的妥当性・外的妥当性を軸に作成した。上記以外の視点では，標本の大きさによる統計的有意の得やすさに注目する視点がある。

　実験法において，独立変数以外で従属変数に影響する剰余変数をすべて統制する必要がある。だが，積極的に統制を行えば行うほど，標本として使用可能なデータ数が小さくなる可能性がある。内的妥当性を確保しようとすればするほど，外的妥当性の確保が困難になるという皮肉な矛盾が起こってしまう。

　しかし，今回の例題5において「ほぼ全員が偏差値50のＸ高校」を用いれば「もともとの学力」はすべて統制されているため，「もともとの学力」を統制するために標本の大きさが減ることはなく，大きな標本を確保することが可能となる。標本の大きさが大きくなればなるほど，母集団と標本のずれ（標準誤差）が小さくなり，統計的検定で有意と判断されやすくなる。先輩の助言の意図を，このように判断することも可能であろう。

例題7 統計的仮説検定

【問】某大学院の入試では、「必勝」と書いた鉢巻を締めて面接会場に入れば合格するが、そうしなければ不合格になるという噂が流れている。この噂の真偽を検証するために、4人の受験生が協力し合うことにした。2人は鉢巻を締め、2人は締めずに面接に挑むことにしたのである。その結果、鉢巻を締めた2人は合格し、2人は不合格になった。

(1) このような結果が偶然生じる可能性はどれか。
　　ア　25.0％　　イ　20.0％　　ウ　16.7％　　エ　14.3％
　　オ　正解なし
(2) 統計学的に、この噂は真実といえるだろうか。
　　ア　真実と言える　　イ　真実とは言えない

（2011　武蔵野大学大学院）

例題7の攻略ポイント

・確率を元に、統計的に真実といえるか否かを判断する問題。
・偶然の確率を元に、統計的な判断を下すことを指して、統計的仮説検定とよぶ。統計的仮説検定の理解は容易ではないが、t検定や分散分析などの基礎理論となるので、本問を参考にじっくり理解したい。

▶ 用語解説は次ページから　▶ 解答例は p.102

例題7 統計的仮説検定 ▶▶▶ 難易度 ★★★

統計的仮説検定

testing statistical hypothesis

学習のポイント
- □ あせらずに，1つ1つ考えながら読み進め，理解していこう。
- □ 帰無仮説・対立仮説・有意水準など，専門用語の意味をおさえよう。

About this word

標本で起こった状況が「偶然か」「偶然ではないか」に注目して，母集団でも起こりうるかを検定することを，**統計的仮説検定**といいます。理解するのに時間がかかる内容ですが，あせらずじっくり，頭の中で整理しながら理解を進めてください。

まずは例題7の状況を確認しましょう。以下の図1のような状況になっています。はたして鉢巻の効果は本当にあるのでしょうか？

図1

そこでまず，鉢巻の効果はないものとして，**偶然にも鉢巻を締めた2人だけが合格となる確率が何%か**，算出します。次ページの図2のように算出すると，その確率は6.25%となります[1]。

6.25%は決して高い確率ではありませんが，無視できるほど低い確率でもありません[2]。そのため「たまたま鉢巻を締めた2人が，たまたま合格だった可能性が十分考えられる」→「鉢巻の効果ありとはいいきれない」という結論になります（図3）。

---

1 6.25%を p.102 の例題7の解答・解説では別の方法で算出しています。ぜひ参照してください。
2 「決して高い確率ではない」「無視できるほど低い確率ではない」といった判断は，後ほど登場する「有意水準」を基準に判断します。

4人の合格パターンは
以下の16通り
色々あるけど
今回はコレだ!

	1	2	3	4	5	6	7	8	9	10	11	12	13	14	15	16
A	○	○	○	○	×	○	○	○	×	×	×	○	×	×	×	×
B	○	○	○	×	○	○	×	×	○	○	×	×	○	×	×	×
C	○	○	×	○	○	×	○	×	○	×	○	×	×	○	×	×
D	○	×	○	○	○	×	×	○	×	○	○	×	×	×	○	×

AとBだけが合格する確率は $\frac{1}{16}$
1÷16=0.0625→6.25%となるね

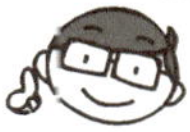

図2

では，もし図4のように，**8人中4人が鉢巻を締めていて，その鉢巻を締めた4人だけが合格する**，という状況だったらどうなるでしょうか？

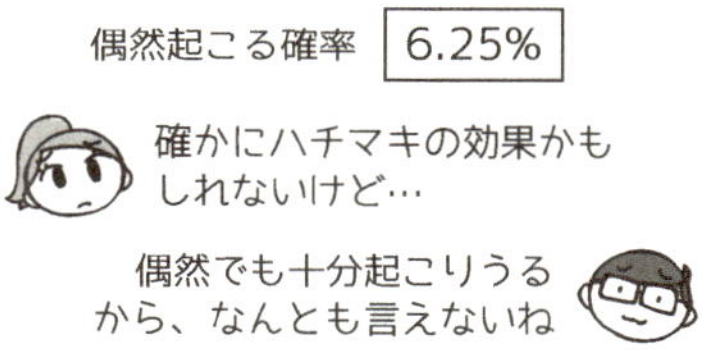

偶然起こる確率 6.25%
確かにハチマキの効果かもしれないけど…
偶然でも十分起こりうるから、なんとも言えないね

図3

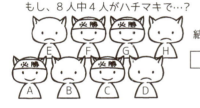

もし、8人中4人がハチマキで…？
必勝
E
F
G
H
A
B
C
D
結果…
合格
不合格
マ、マジで…?!
これはさすがに
偶然とはいえないかも…。

図4

先ほどと同様に，偶然にも鉢巻を締めた4人だけが合格となる確率が何%になるか算出すると0.39%となります。この確率はあまりに低いため「たまたま鉢巻を締めた4人が，たまたま合格だったなんてことは，ほぼ起こらない」→「偶然ではない何かがある」→「鉢巻の効果がある！」という結論になります（図5）。

偶然起こる確率 0.39%
なんと1%以下！
これは偶然で片づけられない！
この場合は
ハチマキの効果ありと
いえそうだね

図5

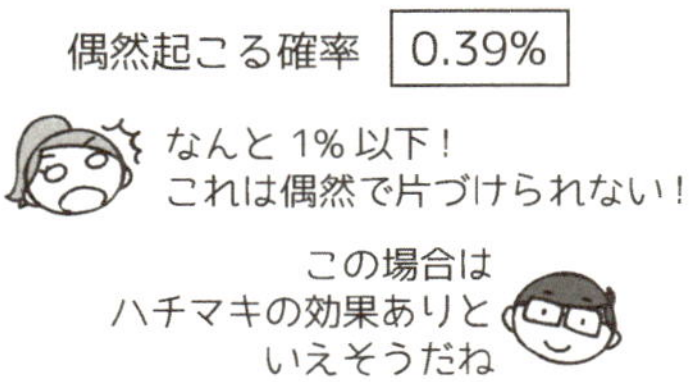

では統計的仮説検定の手順を，専門用語を使ってより詳しく紹介します。

例題7 統計的仮説検定

① 標本抽出と母集団の定義

例題7の**標本**は受験生4名で，**母集団**はすべての受験生[3]です。例題7（図1）の受験結果は，この4名だけで起こった「偶然の状況」なのか，すべての受験生に起こる「偶然ではない状況」なのか，検定します。

② 帰無仮説と対立仮説の設定

棄却[4]されることを目的に作られる仮説を**帰無仮説**といい，帰無仮説が棄却された時に採択される仮説を**対立仮説**といいます。帰無仮説では「偶然」「差がない」といった状況が，対立仮説では「偶然ではない」「差がある」といった状況が設定されます。

今回の例題7では，帰無仮説を「鉢巻の効果はない」に，対立仮説は「鉢巻の効果はある」と設定します（図6）。

③ 有意水準の設定

図3では6.25%を「偶然でも十分に起こる確率」と判断し，図5では0.39%を「偶然では，ほぼ起こらない確率」と判断しました。どうやってこの2つの確率の線引きをしたのでしょうか？ この時，判断の目安となる確率値が**有意水準**です（図7）。有意水準とは，何%以下だった場合に帰無仮説を棄却するか判断する基準となる確率値のことで，多くの場合**5%か1%**に設定されます。なお，この有意水準は研究者が任意で設定します。**今回は有意水準を1%**として話を進めましょう。

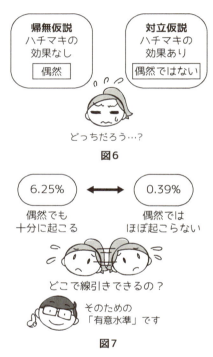

図6

図7

④ 帰無仮説において，標本の状況が起こる確率を算出する

鉢巻の効果がない場合（＝帰無仮説），例題7の状況が偶然起こる確率は6.25%です。なお，8人中4人が鉢巻を締めた状況では0.39%です。

---

3 正確には，「例題7で登場する大学院を受験するすべての受験生」です。
4 「棄却」は統計学独特の表現です。破棄などと同じ意味で，捨て去ることです。

⑤ **有意水準と比較し，帰無仮説を棄却するか否か決定する**

　まずは8人中4人が鉢巻を締めた状況から検証しましょう。この場合，偶然起こる確率は0.39%で有意水準1%以下なので，帰無仮説は棄却されます。結果，対立仮説が採択され，「鉢巻の効果はある」と統計的に示されたことになります（図8）。

　しかし，4人中2人鉢巻を締めた例題7の状況は，偶然起こる確率が6.25%で有意水準1%を超えているので，帰無仮説を棄却することはできません。ここで，今回のように帰無仮説を棄却できなかった場合，最終的な結論の述べ方に注意する必要があります。**帰無仮説が棄却されなかった場合，帰無仮説と対立仮説のどちらが正しいかを判断できません。**今回の場合，「鉢巻の効果はない」とまではいえず，「鉢巻の効果が，あるとは言い切れない」（＝鉢巻の効果があるかもしれないし，ないかもしれない）というあいまいな結論になってしまいます（図9）。

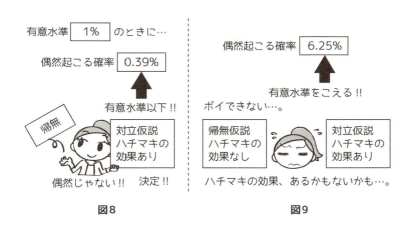

図8　　　　　　　　　　　図9

　結果をまとめると，以下のようになります。

　4人中2人鉢巻の場合は，合格した2人がたまたま鉢巻を締めた2人だった可能性が十分に考えられるため（6.25%＞有意水準1%），帰無仮説を棄却できず，統計的に鉢巻の効果があるとは言い切れません（図9）。

　しかし8人中4人鉢巻の場合は，合格した4人がたまたま鉢巻を締めた4人だった可能性は限りなく低いため（0.39%≦有意水準1%），帰無仮説は棄却され，統計的に鉢巻の効果が示されたことになります（図8）。

統計的仮説検定 まとめ

■ **偶然起こる確率が有意水準以下ならば，帰無仮説を棄却。**
■ **偶然起こる確率が有意水準を超えているならば，帰無仮説は棄却できず，明確な結論を述べることができない。**

例題7 統計的仮説検定 ▶▶▶ 難易度 ★★★

15 第1種・第2種の誤り

type I and type II error

学習のポイント
- [ ] 院試頻出用語。まずは用語論述ができる状態を。
- [ ] 混同しやすい。第1種＝棄却する誤り，第2種＝棄却しない誤り。

About this word

統計的仮説検定によって導き出された結論は，100%真実である保証はありません。図1で前項の内容を確認しましょう。**有意水準を元に，帰無仮説を棄却するかしないかを判断**しました。しかし，棄却するという判断が誤りの可能性もありますし，棄却しないという判断が誤りの可能性もあります。**どちらの判断でも誤りの可能性はある**のです。本項では，この2種類の誤りについて学びます。やや混乱しやすい内容ですが，院試頻出分野です！ がんばって理解しましょう！

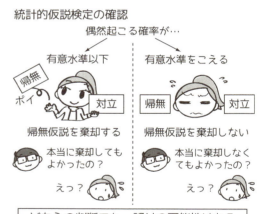

図1

■ 第1種の誤り

第1種の誤りは，帰無仮説を<u>棄却した</u>ときに起こる可能性がある誤りです。前項の例で考えてみましょう。8人中，鉢巻を締めた4人だけが偶然合格する確率は0.39%と有意水準1%以下だったために，帰無仮説を棄却し「鉢巻の効果はある」と判断しました。

これはある意味，0.39%の可能性を切り捨てたといえます。ひょっとしたら，本当は「鉢巻の効果はなかった」のに，鉢巻を締めた人だけが偶然合格する0.39%

という非常に低い確率の状況が、偶然起こってしまっただけかもしれないのです。この場合、棄却するという判断は誤りとなります。

このように、<u>真である帰無仮説を棄却する誤り</u>のことを、**第1種の誤り**といいます。そして第1種の誤りを犯す確率は、<u>有意水準（α）</u>と等しいです。なぜなら、有意水準を5％とした場合、5％以下の確率を「偶然ではない」と判断して棄却していますが、それが真実であるかもしれないからです。よって、有意水準を1％としたなら、第1種の誤りを犯す確率は1％です。

第1種の誤りの可能性

図2

■ **第2種の誤り**

　第2種の誤りは、帰無仮説を<u>棄却しなかった</u>ときに起こる可能性がある誤りです。

　たとえば前項では、4人中、鉢巻を締めた2人だけが偶然合格する確率が6.25％と有意水準1％を超えたために、帰無仮説を棄却せず「鉢巻の効果があるとは言いきれない」と判断しました。しかしひょっとしたら、本当は「鉢巻の効果はあった」のかもしれません。「鉢巻の効果なし」という帰無仮説は、きちんと棄却しなければならなかったのかもしれないのです。

　このように、<u>偽である帰無仮説を棄却しない誤り</u>のことを、**第2種の誤り**といいます。第2種の誤りの確率は<u>β</u>を使って表します。

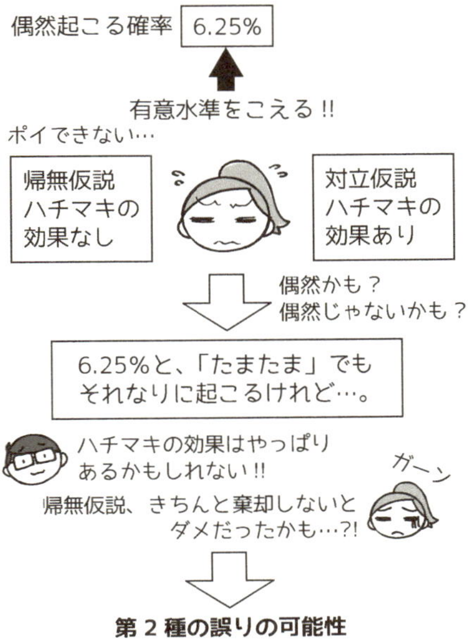

第2種の誤りの可能性

図3

5　偽である帰無仮説を、正しく棄却する確率を指して<u>検出力</u>といいます。低すぎる有意水準は「帰無仮説を棄却しない」という判断に偏るため、検出力の低下を招きます。

■ **適切な有意水準**

　有意水準が高すぎると，図4のように「帰無仮説を棄却する」という判断に偏り，<u>第1種の誤り</u>が起こりやすくなります．対して有意水準が低すぎると，今度は図5のように「帰無仮説を棄却しない」という判断に偏り，<u>第2種の誤り</u>が起こりやすくなります[5]．5%や1%といった有意水準が選択される理由は，高すぎず低すぎない「ほどよい」有意水準だからです．

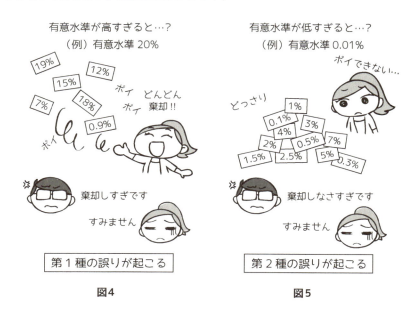

図4　　　　　　　　　　　図5

　第1種の誤りと第2種の誤りをまとめると，以下のようになります．第1種と第2種は混同しやすいので，注意して判別しましょう．

		帰無仮説が実際は	
		真	偽
帰無仮説を	棄却する	第1種の誤り α	正しい判断 $1-\beta$（検出力）
	棄却しない	正しい判断 $1-\alpha$	第2種の誤り β

第1種・第2種の誤り まとめ

- 第1種の誤りとは，真である帰無仮説を棄却する誤りのこと．
- 第2種の誤りとは，偽である帰無仮説を棄却しない誤りのこと．
- 有意水準は高すぎても低すぎても，誤りの可能性を高める．

■ **補足　片側検定と両側検定**

　有意水準を決定する時，同時に決定すべき事項に「検定の方向性」とよばれるものがあります。たとえば，以下の仮説[6]を比べてみましょう。

仮説1：機械Aよりも機械Bの方が良い性能である。
仮説2：機械Aと機械Bの性能に差がある。

　仮説1は，機械Bの方が良い性能であることを想定しています。仮説2は，機械Aの方が良い性能である場合と，機械Bの方が良い性能である場合の両方を想定しています。
　このとき，仮説1を<u>片側検定</u>，仮説2を<u>両側検定</u>といいます。そして<u>両側検定</u>の場合，**有意水準を半分に分けて**両方の可能性を考えます。たとえば有意水準を5%と設定した場合，有意水準を<u>2.5%</u>として帰無仮説を棄却するか否かを判断するのです。
　両側検定にすると有意水準は小さくなり，帰無仮説が棄却されにくくなります。しかし，両側検定としてはじめた検定を，帰無仮説が棄却されないからといって，棄却されやすい片側検定に変更するのは，ルール違反です。検定の方向性は，**理論的背景から事前に決定しておく**必要があります。

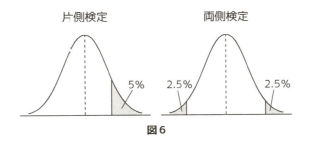

図6

---

[6] 例示されている仮説は両方とも対立仮説です。つまり，検定の方向性は対立仮説の内容で決定します。なお，どちらの仮説を検証するにしても「機械Aと機械Bの性能に差がない」という帰無仮説を立て，その帰無仮説の棄却を目指す点に変わりはありません。

確認問題 7

(1) 太郎はじゃんけんの強さに自信があり，弟の次郎よりも，じゃんけんが強いと宣言している。そこで本当に太郎の方が強いか確かめるために，太郎と次郎は4回じゃんけんを行った。結果は太郎の4連勝だった。この結果から太郎の宣言が妥当であるか，統計的に検定を行った。以下の問いに答えなさい。なお，有意水準は5%とする。

① この統計的仮説検定における帰無仮説・対立仮説を述べなさい。

② この統計的仮説検定は，両側検定と片側検定のどちらになるか。

③ 太郎がじゃんけんで勝利する確率が50%だった場合，4連勝する確率は6.25%である。この確率から，この統計的仮説検定における結論として正しいと思われる文章を，以下のア～エより1つ選びなさい。

　　ア　太郎は次郎よりもじゃんけんが強い。

　　イ　次郎は太郎よりもじゃんけんが強い。

　　ウ　太郎は次郎よりもじゃんけんが強いとは言いきれない。

　　エ　太郎と次郎のじゃんけんの強さには差がない。

④ 太郎が5連勝した場合，その確率は3.125%となる。5連勝だった場合，統計的仮説検定の結論として正しいと思われる文章を，③のア～エより1つ選びなさい。

(2) 以下の①・②に当てはまる用語を答えなさい。

統計的な誤りには，データの偏りが偶然ではないのに偶然だと結論してしまう場合と，データの偏りが偶然なのに偶然ではないと結論してしまう場合がある。後者を（　①　）という。その確率は設定した（　②　）と同じである。

（2012　桜美林大学大学院）

解　説

（1）

① 一般的に帰無仮説には差がない状況が，対立仮説には差がある状況が設定される。そのため，帰無仮説は実力差なしの状況を，対立仮説には太郎の方が強い状況を，それぞれ設定しよう。

② 太郎の方が強い場合のみを想定しているので，片側検定。

③ 有意水準5％を超えるため，帰無仮説を棄却できない。帰無仮説と対立仮説のどちらが正しいか，判断できない状況だ。よって「4連勝もしたのだから太郎の方が強いかもしれないし，偶然でも4連勝してしまう確率は十分に考えられるので，やっぱり実力差はないのかもしれない」というあいまいな結論になる。このあいまいさを的確に表した文章は，今回の選択肢ではウになるだろう。

　なお，「帰無仮説を棄却しない＝帰無仮説は正しい」ではない点に絶対に注意したい。そのため，エの解釈は注意すべき**誤り**となる。

④ 有意水準5％以下であるため，帰無仮説を棄却する。対立仮説が採択されるので，太郎の方が強いと統計的に示された。よってアとなる。

（2）（1）の④を例にあげて説明しよう。太郎の5連勝という「偏った」結果について，3.125％の確率で起こった「偶然」かもしれないのに，その確率が低いために帰無仮説を棄却し，太郎の実力という「偶然ではない」結果と結論づけている。よって，もし5連勝がただの「偶然」だったなら「偶然ではない」（＝太郎の実力）という判断は誤りとなる。

　このような，帰無仮説の棄却によって起こる誤りを第1種の誤りという。そして，その確率は帰無仮説を棄却する判断となる有意水準と等しくなる。なお，問題文の前半は第2種の誤りの説明である。

解　答

（1）① 帰無仮説…太郎と次郎のじゃんけんの強さに差はない。

　　　　対立仮説…太郎の方が，じゃんけんが強い。

　　② 片側検定　　③ ウ　　④ ア

（2）① 第1種の誤り　　② 有意水準

例題7　解答・解説

解　答

（1）オ　　（2）イ

解　説

（1）偶然によってのみ合格と不合格が決定される場合，合格する確率と不合格の確率はともに1/2（＝50％）となる。ここで，仮に必勝鉢巻を締めた2人をA，Bとし，締めなかった2人をC，Dとした場合，AとBだけが合格し，CとDが不合格になる確率は，以下のように求められる。

　　　　Aが合格する確率　　50％
　　　　Bが合格する確率　　50％
　　　　Cが不合格の確率　　50％
　　　　Dが不合格の確率　　50％
　　　これらが同時に起こる確率…0.5×0.5×0.5×0.5＝0.0625 → 6.25％
　　　（あるいは，p.93図2のように求めてもよい）

今回の選択肢の中には6.25％は含まれていないため，正解はオとなる。

（追記）
　今回の例題は受験定員が明記されていないために，上記の算出において，全員合格の可能性や全員不合格の可能性も視野に入れて確率を算出した（p.93図2を参照）。仮に4人中2人が必ず合格する（ただし合格する2人が鉢巻を締めた2人とは限らない）という設定だったならば，鉢巻を締めた2人が偶然合格する確率は16.7％となり，ウが該当する。

（2）本問の場合，帰無仮説…鉢巻の効果はない，対立仮説…鉢巻の効果はある，と設定して統計的仮説検定を行う。
　問題文中には明確に有意水準が示されていないが，多くの場合，有意水準は5％か1％を使用する。どちらを用いたとしても，今回の確率6.25％は有意水準を超えるため，帰無仮説を棄却できない。よって，鉢巻の効果があるともないともいえず，噂は真実とはいいきれない。

例題8 平均値の差の検定

【問】英語の新しい教授法Aの効果を調べるために，次の研究を行いました。以下の説明を読んで質問に答えなさい。

方法：英語の実力テストの結果，平均点がほぼ等しい高校1年生の2クラス（各35名）を対象とした。1クラスには新しい教授法Aで英語の授業を行い，もう一方のクラスには従来の教授法Bで授業を行った。なおいずれのクラスでも，両方の教授法に精通した1名の教師が授業を担当した。

2ヶ月後，1回目の実力テストと同等のテストを実施した。

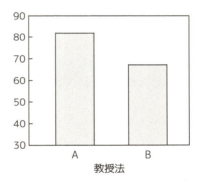

図　2回目の実力テストにおける平均得点

結果：2回目のテストにおける両クラスの平均得点をグラフに示した。統計的検定の結果，2クラスの得点には有意な差が認められた。

(1) グラフ及び検定結果から，新しい教授法Aの効果についてどのようなことが言えますか。
(2) 下線部の統計的検定とは具体的にどのような手法だと思いますか。

（2013　甲南女子大学大学院）

例題8の攻略ポイント

・平均値の差の統計的検定に関する理解を問う出題。
・平均値の差の統計的検定は，代表的なものに t 検定と分散分析がある。まずはこの2つの検定に関する理解を深めよう。

例題8 平均値の差の検定 ▶▶▶ 難易度 ★★☆

16 t検定

t-test

学習のポイント
- [ ] 「2群の平均値の差」といえば t 検定！ と即答できるように。
- [ ] 対応のあるなしを，自分で判断できるようにしておこう。

About this word

<u>2群の平均値の差が，誤差であるか有意差であるか</u>を検定する際に用いる統計的仮説検定が，**t 検定**です。まずは**誤差**とは何か，**有意差**とは何かを確認するところからはじめましょう。

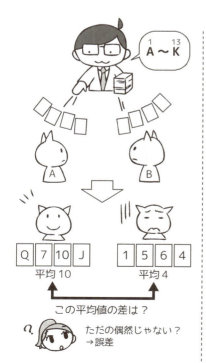

図1

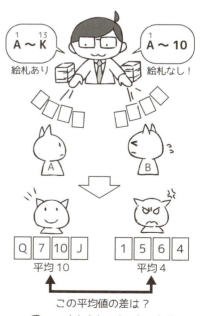

図2

図1のように，トランプを4枚ずつ配ったところ，Aの平均値が10，Bの平均値が4となりました。しかし，この**平均値の差は偶然**といえるでしょう。このように，偶然によって生じた差を**誤差**とよびます。

　対して，図2を見てください。Aは絵札を含んだカードの中から4枚を，Bは絵札を含まないカードの中から4枚を与えられました。図1と同様にAの平均値は10，Bの平均値は4となったようですが，**この平均値の差を偶然とよんでもいいのでしょうか？** この平均値の差は，もともとのカードの束が違うせいで起こった差であり，偶然ではないと考えられます。このように，偶然によって生じた差ではなく，なんらかの意味をもつ差のことを**有意差**といいます。

> **MORE!!**
> 　図1・2は，カードの束を母集団，AとBの4枚ずつのカードを標本と考えることができます。図1では標本の平均値の差を，標本抽出によって偶然生じた誤差と判断，母集団の平均値の有意差は存在しないという結論。図2では標本の平均値の差を，標本抽出によって偶然生じた誤差ではないと判断，母集団の平均値に有意差が存在するという結論に，それぞれ至ったと考えることができます。

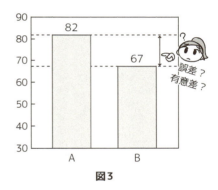
図3

　では改めて例題8を確認しましょう（以降，話を具体的にするために，図3のように，仮に教授法A群の平均値を82，B群の平均値を67とします）。この研究では，**教授法A群とB群の15点差が，誤差であるか有意差であるか**を，統計的に確かめようとしているのです。そのための手法が，冒頭で紹介したt検定です。

■ t検定の流れとイメージ

　今回の例題8を用いて，t検定の流れを紹介します。t検定は統計的仮説検定の中の1つなので，基本的な流れは同じです。帰無仮説などの専門用語が不明な場合は「14　統計的仮説検定」などを復習してください。

① **標本抽出と母集団の定義**

　例題8の標本は高校1年生の2クラス各35名ずつで，母集団はすべての高校1年生です。今回の15点差が，この35名ずつで偶然起こった誤差なのか，どの高校1年生であっても起こる有意差なのか，検定します。

② 帰無仮説と対立仮説の設定

　帰無仮説は「平均値の差はない（＝誤差）」，対立仮説は「教授法Ａの方が平均値は高い（＝有意差）」とします。対立仮説の内容から，検定の方向性は片側検定となります。

③ 有意水準の設定

　例題8では明記されていません。ここでは仮に有意水準5％とします。

④ 帰無仮説において，標本の状況が起こる確率を算出する。

　t 検定では，t 値とよばれる値を用いて誤差が生じる確率を求めます。ここで求められた確率が，設定した有意水準5％以下だったなら帰無仮説を棄却，5％を超えていたら帰無仮説を棄却できません。

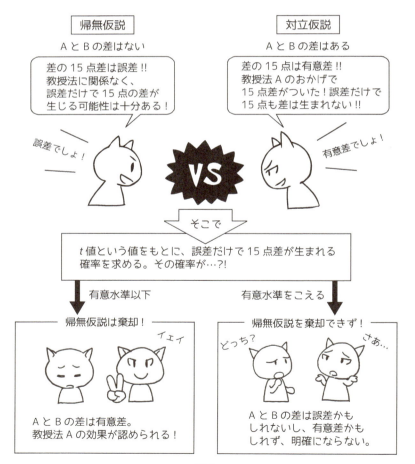

図4

⑤ **有意水準と比較し，帰無仮説を棄却するか否か決定する。**
　例題8の問題文中の「結果」に「2クラスの得点には有意な差が認められた」とあることから，帰無仮説は棄却されたようです。よって，教授法Aは従来の教授法Bよりも教育効果が高いことが示されました。

■ **対応のある t 検定と対応のない t 検定**
　実は t 検定には「対応のある t 検定」と「対応のない t 検定」の2種類があります。対応するデータの組を作ることができる場合は**対応のある t 検定**を，作ることができない場合は**対応のない t 検定**をそれぞれ用います。今回の例題8では，教授法Aを受けたクラスと教授法Bを受けたクラスは別なので，対応するデータの組を作ることができません。しかし，もしすべての生徒が教授法Aと教授法Bの両方を受けていたら，図5のように対応するデータの組を作ることができます。前者の場合，対応のない t 検定を，後者の場合対応のある t 検定を，それぞれ用います。

図5

　実は，対応のあるなしによって，帰無仮説を棄却する判断に用いる **t 値の算出方法が異なります**。t 値は統計ソフトが自動で計算してくれますが「どちらの算出方法で行うか」は，研究者が指示しなければなりません。もちろん対応のあるなしが，院試で問われることもあります。**対応のあるなしは，自分自身で判断できるようにしておきましょう。**

> **t 検定 まとめ**
> ■ **t 検定とは，2群の平均値の差を検定する統計的仮説検定。**
> ■ **対応のあるなしは，標本データから研究者自身で判断する。**

例題8 平均値の差の検定 ▶▶▶ 難易度 ★★☆

17 分散分析

analysis of variance

学習のポイント
- [ ] 「3群以上の平均値の差」といえば分散分析！　と即答できるように。
- [ ] 帰無仮説が棄却されたあとの解釈に注意しよう。

About this word

　前項で，2群の平均値の差が有意差であるかを確かめるために，t検定という統計的仮説検定が用いられることを学びました。では右の図1のように，例題8から新たな教授法Cが増えて，**3群になった場合はどうやって平均値の差を検定するのでしょうか？**

　このように3群以上の平均値の差の検定は，**分散分析**という統計的仮説検定が用いられます。そこで本項では，分散分析の方法と注意点を学習していきましょう。

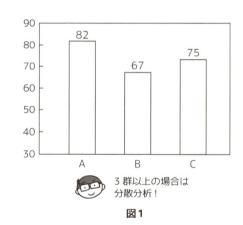

3群以上の場合は分散分析！

図1

■ t検定との差異

　基本的な流れはt検定とほぼ同じです。分散分析ではt値ではなく**F値**という値を使って確率を求めますが，得られた確率が有意水準以下ならば帰無仮説を棄却するという点は，t検定とまったく同じです。ただしこの**帰無仮説の棄却から先が，最も大きく異なる点**です[1]。

　「平均値に差がない」という帰無仮説が棄却されると「平均値に差がある」という対立仮説が採択されます。ただしこの段階では，図2のように，**AとB，BとC，AとCのどれが有意差なのか，まだ判明していない**のです。

---

1 t検定とは自由度の扱いも異なります。詳しくはp.160「25　自由度」で。

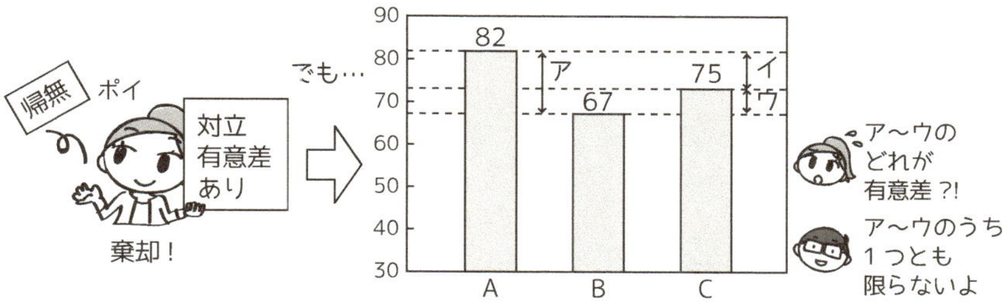

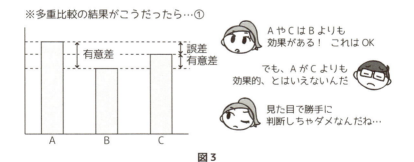

図2

そこで、分散分析では帰無仮説が棄却された後に、有意差の数と場所を特定するために、**多重比較**という事後検定を必要とします[2]。

■ **多重比較の解釈**

たとえば多重比較の結果、以下の図3のような結果になったとします。

この場合、AとB、BとCに有意差が認められたため、BよりもAやCが効果的であることが示されました。しかし、AとCの有意差が認められなかったため、「CよりもAの方が、より効果的である」とはいえないのです。グラフや数字の見た目だけで、Aが1番、Cが2番、Bが3番と述べてはいけないことになります（Bが3番目であることは、まちがってはいませんが…）。

図3

もう1つ例をあげてみましょう。多重比較の結果、以下の図4のような結果になったとします。

---

2 多重比較にはさまざまな方法があります。多くの研究者が用いている方法にテューキー法がありますが、どの方法で多重比較を行うかは、最終的に研究者の判断に委ねられます。

※多重比較の結果がこうだったら…②

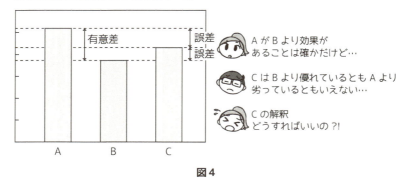

図4

　この場合，有意差が認められたのはAとBだけで，BとC，AとCには有意差が認められなかったことになります。そうなると，<u>AがBよりも効果的である</u>ことは確かですが，<u>CはBより効果的であるとも，Aより効果的ではないともいえない</u>ため，実に解釈に苦しむ結果となります。このような場合は，基本的にはCについて明言せず，AとBだけで考察を述べることになるでしょう。

　分析結果の解釈にあたっては，見た目だけで有意差を勝手に特定してはいけません。帰無仮説が棄却されただけでは**「どこかに有意差がある」**という程度しかわからないと考え，多重比較に移りましょう。

MORE!!

　t検定や分散分析では，①<u>無作為抽出</u>，②<u>母集団の正規性</u>，③<u>母分散の等質性</u>という3つの仮定を必要としています。①は「13　外的妥当性」を参照してください。②と③については，t値やF値などの帰無仮説の棄却に関わる統計量を的確に求めるために，各群の母集団が正規分布であることや分散が等しいことを仮定します。より厳密にt検定や分散分析を行うならば，3つの仮定を確認する必要があります。ただし，標本の大きさをある程度大きくすることで，これらの仮定は問題にならなくなるともいわれています。

分散分析 まとめ

- ■ 分散分析とは，3群以上の平均値の差を検定する統計的仮説検定。
- ■ 帰無仮説が棄却された段階では，有意差の数と場所が特定されていないため，多重比較（テューキー法など）を必要とする。

確認問題 8

(1) 対応のない t 検定を用いる場合は A を，対応のある t 検定を用いる場合は B を，t 検定を使えない場合は C をそれぞれ答えよ。

① A 大学と B 大学の学生について，恋愛に関する意識の差を調査する。

② バイオレンス映画視聴後は，視聴前よりも個人の攻撃性が増大するか検定する。

③ ある中学校の A 組において，英語と国語のクラス平均得点に差があるかどうか検定する。

④ 被験者を発見学習群と統制群に分け，各群の学習成績の平均値の差を検定することで，発見学習の効果があるか検討する。

⑤ A 会社と B 会社合同で，性役割に関する意識について，夫婦間でどのような差があるか調査が行われた。

⑥ ある中学校 A 組の，英語・数学・国語の 3 教科のクラス平均得点のうち，どの得点が最も高いか検定する。

解　説

　　データの組を作ることができるか否かで，対応のあるなしを判断しよう。②はある個人の視聴前の攻撃性と視聴後の攻撃性で，データの組を作ることができる。③も，ある個人の英語の得点と国語の得点で，データの組を作ることができる。⑤は，ある夫婦の夫と妻で，データの組を作ることができる。よって，②・③・⑤が，対応のある t 検定となる。
　　⑥は 3 群あるため，t 検定ではなく分散分析を用いる。

解　答

① A　　② B　　③ B

④ A　　⑤ B　　⑥ C

111

(2) t 検定と分散分析に関する以下の文のうち，適切な文章をすべて選び，記号で答えなさい。

ア t 検定において，帰無仮説が棄却されなかった場合，2群の平均値は等しいことを意味する。

イ t 検定において，有意水準5%よりも有意水準1%で有意差が認められた時の方が，平均値の差がより大きいことを意味する。

ウ 分散分析は，3群以上の平均値の差を検定する際に用いられる。

エ 分散分析において，帰無仮説は「すべての群の平均値に差はない」対立仮説は「すべての群の平均値に差がある」と設定される。

オ 分散分析では，すべての群の母集団が，正規分布であることを仮定して分析が行われている。

解 説

ア 帰無仮説が棄却されなかったからといって，対立仮説が棄却されるわけではない。そのため，有意差はあるかもしれないし，ないかもしれず，2群の平均値が等しいとは言い切れない（p.106 図4参照）。よって誤り。

イ たとえばA群が82点，B群が67点だった場合，5%有意でも1%有意でも，A群とB群の差は15点で変わらない。1%有意の方が，第1種の誤りを犯す確率が少ないにすぎない。よって誤り。

ウ 2群の場合は t 検定，3群以上の場合は分散分析。よって適切。

エ 分散分析における帰無仮説が棄却されたからといって，すべての群の平均値の差が有意差であるとは限らない（p.109 図2参照）。どの部分が有意差であるか，多重比較が必要となる。よって誤り。

オ 分散分析では，母集団が正規分布であることや，各母集団の分散が等しいことなどを仮定している。よって適切。なお，分散分析や t 検定のように母集団の正規性や分散が等しいことを仮定した上で行う分析のことを総称してパラメトリック検定とよぶ。

解 答

ウとオ

応用問題1

二群の母平均値を比較するには通常 t 検定を用いる。しかし，この方法は三群以上の母平均値を比較するのに用いてはならず，この場合には分散分析を用いる。それはなぜか。以下の用語を用いて説明しなさい。

【用語】　帰無仮説　有意差　有意水準　第一種の過誤

（2013　愛知淑徳大学大学院）

解答例

　分散分析において帰無仮説が棄却されたとしても，有意差の数と場所は特定されていない。よって，数と場所を特定するために多重比較を必要とする。この手順は，2群ずつ対にして t 検定を複数回くり返しても同じように思われるが，有意水準に関する大きな問題が生じる。t 検定では有意水準5％のように，第1種の過誤を犯す確率を認めている。これが5％であるなら，「第1種の過誤を犯さない確率」が95％となる。ここで t 検定を複数回行った場合，「第1種の過誤を犯さない確率」は，2回行えば $0.95 \times 0.95 \fallingdotseq 0.9$，3回行えば $0.95 \times 0.95 \times 0.95 \fallingdotseq 0.86$ というように，回数を重ねるほど低下していき，第1種の過誤を犯しやすくなっていく。よって，3群以上の検定には分散分析と多重比較が用いられるのである。

解　説

　例として成功率95％の開腹手術を考えてみよう。手術を重ねるごとに，成功率は $0.95 \times 0.95 \times 0.95 \times 0.95\cdots$ というように低下し，開腹される度にリスクは上がっていく。手術を1回で済ませて欲しいと思うのは当然だろう。t 検定でも同様だ。右表のように回数を重ねるごとに「第1種の誤りを犯さない確率」が低下していくた

m	$(1-\alpha)^m$	α_{FW}
1	.95（95％）	.05（5％）
2	$.95^2$（90％）	.10（10％）
3	$.95^3$（86％）	.14（14％）
4	$.95^4$（81％）	.19（19％）

$m\cdots$検定回数　$\alpha\cdots$有意水準（5％）
$(1-\alpha)^m\cdots$第1種の誤りを犯さない確率
$\alpha_{FW}\cdots$1回以上第1種の誤りを犯す確率

め，複数回くり返すことは望ましくない。

　なお，多重比較の代表格であるテューキー法は，「1回以上第1種の誤りを犯す確率」が，有意水準を超えないように工夫されているため，上記のような問題は起こらない。

例題 8　解答・解説

解答例

(1)　高校１年生の２つのクラスは，１回目の英語の実力テストでは平均点がほぼ等しかったにも関わらず，２回目の実力テストで統計的に有意な差が認められた。

　　１回目の実力テストと同等な問題を２回目でも用いたことや，１名の教師が両クラスの授業を担当したことなどから，この有意差の原因は，１回目と２回目の問題の性質の違いや，教師の力量によるものではないと判断できる。両クラスの主な違いは，新たな教授法Ａを用いたか従来の教授法Ｂを用いたかである。よって，この有意差の原因は，新たな教授法Ａの効果によるもの，と考えることができるだろう。

(2)　教授法Ａ群の２回目の実力テスト平均点と，教授法Ｂ群の２回目の実力テスト平均点の差が，誤差か有意差か検定するために，対応のないt検定を用いたと思われる。

解　説

　　（1）は単純に考えれば，ただ単に「新しい教授法Ａの効果があった」と述べて終わってしまう。しかし，それではあまりにも論述として味気ない。どうやって内容をふくらませることができるだろうか。

　　そこで注目したのが問題文中の「いずれのクラスでも，両方の教授法に精通した１名の教師が授業を担当した」「１回目のテストと同等のテストを実施した」といった，統制に関わる内容である。この文章の存在によって「教授法Ａ群の方が，教え方が上手な教師が授業を担当していたのでは？」「２回目のテストの方が，教授法Ａ群に有利な内容だったのでは？」といったいわゆる交絡の疑いを解消し，２回目のテストの有意差が，教授法Ａの効果によるもの，という根拠を強めている（統制と交絡に関しては p.80「12 内的妥当性」を参照）。上記の解答例では，このような問題文中に散りばめられた"素材"を活用し，より教授法Ａの効果が確かなものであることを強調した。

　　なお，（2）については，教授法Ａ群と教授法Ｂ群は別のクラスであり，対応するデータの組が作れないため，「対応のないt検定」とした。

例題9 要因計画法

【問】次の問題文を読み，各設問に答えなさい。

学習法1ならびに学習法2によって学習した男女のテスト結果を下記のように得た。

学習法1　男性　5, 4, 5, 6, 7, 5, 4, 6, 4, 7
学習法2　男性　7, 6, 7, 7, 8, 6, 7, 8, 7, 6
学習法1　女性　5, 5, 7, 8, 6, 7, 6, 8, 7, 6
学習法2　女性　10, 9, 9, 10, 9, 8, 10, 10, 9, 10

設問1　このデータを適切にまとめて整理しなさい。

設問2　この結果を分かりやすく図に示しなさい。

設問3　このデータに関する以下の文章の（　）に適切な語句を記入しなさい。

この結果をパラメトリック検定にかけるとすると，（　　　　）配置の（　　　　）分析が考えられる。予想としては，性の（　　　）効果，学習法の（　　　　）効果，また（　　　　）作用が考えられる。

（2012　新潟青陵大学大学院）

例題9の攻略ポイント

・設問1・2では，設問3を踏まえると，学習法と性差を組み合わせた効果が明確になるようなデータの整理や図示が求められている。
・設問3では，要因計画法に関わる用語の記入が求められている。まずは要因計画法の各用語を，1つずつ理解するところからはじめよう。

▶ 用語解説は次ページから　▶ 解答例は p.130

例題9 要因計画法 ▶▶▶ 難易度 ★☆☆

要因計画法

factorial design

学習のポイント
- [ ] 2つの要因を組み合わせる理由・意義を理解しよう。
- [ ] 要因計画法に関わるさまざまな用語をおさえよう。

About this word

　例題9では**「学習法1と学習法2のどちらが有効か？」**ということを検討しています。この時、単純に学習法1と学習法2を比較すると、図1のようになります。学習法1で学んだ人の平均点と学習法2で学んだ人の平均点を比較して[1]、学習法2の方が高ければ、学習法2の方が効果的であると結論づけることができます。

　しかし図1では、**単純化されすぎている**ように思われます。はたして学習法2は、万人に有効なのでしょうか。学習法2が有効な人もいれば、有効ではない人もいるのではないでしょうか。その違いを分けるものは何でしょうか。

　そこで「学習法1か学習法2か」という視点だけでなく**「男性か女性か」**という視点を加えてみましょう。それが図2です。

　図2は「学習法1の男性」「学習法1の

―――――――――
1 この場合、用いるのは t 検定です。詳細は p.104「16 t 検定」で。

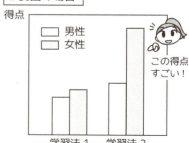

図1

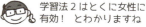

図2

女性」「学習法2の男性」「学習法2の女性」でそれぞれ平均点を求め，グラフにしたものです。男性では，学習法1と学習法2の平均点の差が少ないことに対し，女性では，学習法1と学習法2の平均点の差が非常に大きいです[2]。このことから「学習法2は，とくに女性に有効である」といえます。図1の状態よりも議論が深まり，より「面白く」なったと考えられます[3]。

このように，<u>2つ以上の要因を組み合わせた研究計画</u>のことを**要因計画**といいます。なお，今回の例題9（図2）では，「学習法1か2か」「男性か女性か」という2つの要因を組み合わせています。また，要因計画においては，<u>ある要因の効果がもう片方の要因によって異なる</u>**交互作用**という現象を狙うことがほとんどです。今回は「学習法2の効果」が，とくに女性に強く表れているため，交互作用が起こっていると考えられます（交互作用の詳細は次項）。この交互作用に，研究の"面白さ"が表れることが多いので，**要因計画を用いる場合は，積極的に交互作用を狙って計画を組み立てるとよいでしょう。**

もう少し要因計画について，例をあげて紹介しましょう。

たとえば，不安が強いクライエントに対する心理療法の効果を検討するために，**「心理療法を実施するか否か」「ベースライン（基準）か1ヶ月後か」**という2つの要因を組み合わせた，図3のような要因計画を考えたとします。ここでは，心理療法を受ける前のベースライン（A）と心理療法を受けて1ヶ月後（B）で，不安得点がどのように変化したかを検討します。この時，比較対象として心理療法を受けていない人のベースライン（C）と1ヶ月後（D）も検討します。

そして分析の結果，図4のような結果が得られたとします。心理療法を受けていない人たちの不安得点は

図3

---

2 正式には，4群の平均値に有意差があるかを分析した後の結論です。用いるのは分散分析ですが，今回のような場合はとくに<u>2要因分散分析</u>，あるいは<u>2元配置の分散分析</u>とよばれます（詳細は次項で紹介します）。
3 さらに女性の中でも，学習法2が有効な人とそうでない人がいるのではないか？　その2つを分ける要因は何か？　というように考えていくと，より議論が深まっていきます。

CからDへほぼ変化していませんが、心理療法を受けた人たちの不安得点は、AからBにかけて大きく減少しています[4]。この結果から「心理療法は不安の低減に効果あり」と結論づけることができます。

このように、要因計画は心理学の研究のさまざまな場面で用いられています。

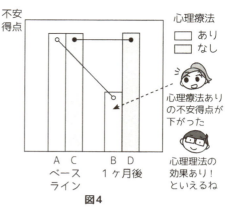

図4

MORE!!

図3・4のAとBだけを比較すればよいのでは？ と思った人もいるかもしれませんが、それでは心理療法の効果を示せません。なぜならば、AとBだけでは、心理療法の効果によって不安が低減したのか、1ヶ月の経過によって不安が低減したのか、判断できないからです。CとDの存在により、ただ1ヶ月経過するだけでは、不安が低減しないことが証明されます。

しかしCとDは「不安を抱えるクライエントに、心理療法を施さない」という点で倫理的な配慮に欠けると考えられます。実際の臨床心理学研究では、このような倫理面に配慮しながら、より慎重に研究計画を立てることが求められます。

■ 要因と水準

ここからは、要因計画法で用いるいくつかの用語について概観します。

<u>要因計画法における独立変数</u>を**要因**といいます[5]。例題9では「学習法」「性差」が要因に相当します。

そして、<u>要因内の違いのこと</u>を**水準**といいます。例題9では、学習法について「学習法1」「学習法2」が、性差について「男性」「女性」が、それぞれ水準に相当します。まとめたものが図5になります[6]。

		学習法	
		学習法1	学習法2
性差	男性	学習法1の男性	学習法2の男性
性差	女性	学習法1の女性	学習法2の女性

図5

---

4 1ヶ月という時間経過の効果が、心理療法を受けるか否かで異なっているという点で、図4の状態も交互作用が得られたと考えられます。
5 正しくは、質的変数で表現される独立変数のことを要因とよびます。
6 図3・4の例の場合、要因は「心理療法」「時期」の2要因、水準は心理療法の「あり・なし」、時期の「ベースライン・1ヶ月後」の各2水準です。

■ **被験者間要因と被験者内要因**

　要因は，被験者間要因と被験者内要因に分けることができます。
　被験者間要因とは，水準間で被験者が異なる要因です。図3・4の例の場合，心理療法ありの人と心理療法なしの人は，それぞれ別の人物であるため，心理療法が被験者間要因です（図6）。
　それに対し**被験者内要因**は，要因内のすべての水準が同じ被験者である要因です。図3・4の例の場合，同じ人物のベースライン期と1ヶ月後を比較しているため，時期は被験者内要因です（図7）。
　また，被験者間要因と被験者内要因を組み合わせた要因計画を，**混合計画**といいます。図3・4の例は混合計画ですが，例題9は学習法・性差ともに被験者間要因なので，混合計画ではありません。さまざまな用語を適切に使いこなせるよう，整理して理解しておきましょう。

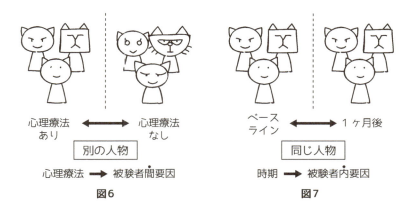

図6　　　　　　　　　　図7

要因計画法 まとめ
- ■ **2つ以上の要因を組み合わせる研究計画を要因計画とよぶ。**
- ■ **水準間で被験者が異なる要因は，被験者間要因。水準間で被験者が同じ要因は，被験者内要因。**

例題9 要因計画法 ▶ ▶ ▶ 難易度 ★★☆

19 2要因分散分析

two-way ANOVA

学習のポイント
- □「主効果と交互作用」を説明できるようにしておこう。
- □ グラフから交互作用の有無を読み取れるようにしておこう。

About this word

平均値の差が有意差であるかを検定する分散分析については，すでにp.108で学んでいます。ただしp.108の分散分析は，実は**1要因分散分析**とよばれているものです。今回の例題9のように，要因が2つある場合は**2要因分散分析**を行います[7]。2要因分散分析の特徴は，「**主効果**」や「**交互作用**」を検討することです。

端的にいえば，<u>1つの要因単独の効果</u>が**主効果**，<u>2つの要因を組み合わせた効果</u>が**交互作用**です。

なお，説明に入る前に，例題9の平均値を図1のように整理しておきます。主効果の検討では，図1の<u>ア〜エ</u>の値を使用し，交互作用の検討では図1の<u>A〜D</u>の値を使用します。

平均値 （標準偏差 は省略）		学習法		全体
^	^	学習法1	学習法2	^
性差	男性	A 5.30	B 6.90	ウ 6.10
^	女性	C 6.50	D 9.40	エ 7.95
全体		ア 5.90	イ 8.15	オ 7.025

これが男性全員の平均
こっちが女性全員
こっちは男女関係なく学習法1で平均したもの
こっちは学習法2全体の平均

図1

■ **主効果の検討**

2要因分散分析では，まず**分散分析表**を作成します[8]。例題9のデータを統計ソフトに入力し分散分析表を作成すると，図2のようになります。さまざまな数字が並んでいますが，**初学者は一番右側のF値と，それが有意であるか否かを判断できれば十分**です。

---

[7] 2元配置の分散分析と呼ぶこともあります。意味は同じです。
[8] 分散分析表は統計ソフトで容易に算出可能です。手計算は煩雑なので，院試で求められることはまずありません。これまで同様，与えられたデータの解釈ができることの方が重要です。

分散分析表

変動因	平方和	自由度	平均平方	F 値
学習法	50.62	1	50.62	57.13***
性差	34.23	1	34.23	38.62***
交互作用	4.23	1	4.23	4.77*
誤差	31.90	36	0.89	
全体	120.99			

*p < .05 **p < .01 ***p < .001

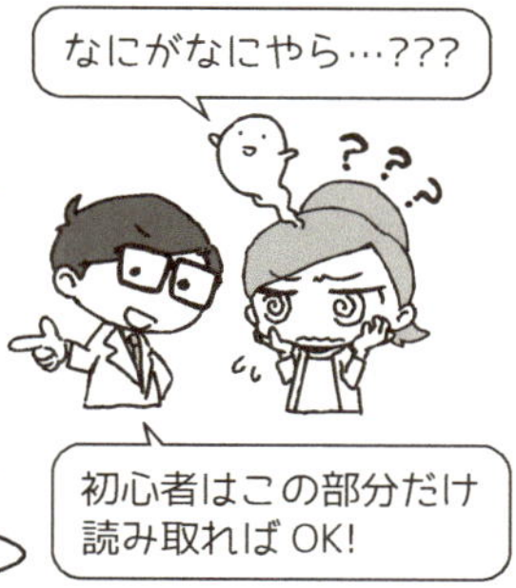

なにがなにやら…???
初心者はこの部分だけ読み取れば OK!

図2

図2より，学習法の F 値が 57.13 で，F 値についている *** より，***p ＜ .001 を参照し，0.1%（＝.001）有意であることがわかります。これは，**学習法の主効果がある**ことを示しています。つまり図3のように，学習法だけに注目して平均値を比較した時に（図1におけるアとイで比較した時に），学習法1よりも学習法2の方が，有意に得点が高いことが統計的に示されたことになります。

学習法の主効果
得点
8.15
5.90
有意
ア
学習法
1
イ
学習法
2

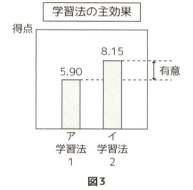

図3

同様に，性差の主効果（図1のウとエの比較）を検討します。すると図4のように，性差の F 値も 0.1%有意であるため，**性差の主効果がある**こともわかりました。図1のウとエで比較した時に，男性より女性の方が，有意に得点が高いと統計的に示されたことになります。

変動因	平方和	自由度	平均平方	F 値
学習法	50.62	1	50.62	57.13***
性差	34.23	1	34.23	38.62***
交互作用	4.23	1	4.23	4.77*
誤差	31.90	36	0.89	
全体	120.99			

*p < .05 **p < .01 ***p < .001

じゃあ、性差の主効果をみるためには…これとこれとこれ？
そのとおり！性差の主効果も 0.1% 有意！

図4

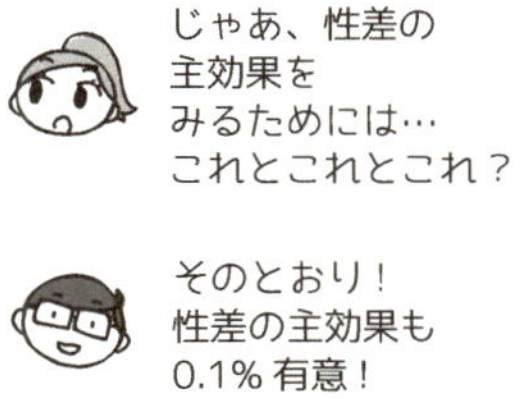

■ **交互作用の検討**

さて、いよいよ2つの要因を組み合わせます。

交互作用とは、ある要因の効果がもう片方の要因によって異なることです。図5はいずれも、xからyにかけて、**AとBで異なった変化**が起こっています。そのため、交互作用が<u>ある</u>といえます。

では、交互作用がない時とは、どのような時でしょうか？ 図6を見ると、xからyにかけて**AとBは同じ変化**をしています。これが、交互作用が<u>ない</u>時です。グラフの形で判断できるようにしておきましょう。

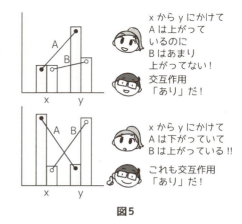

図5

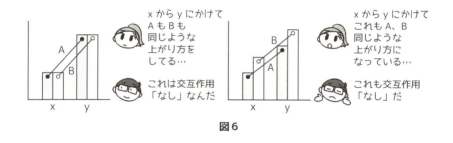

図6

改めて、今回の例題9ではどうでしょうか？ 図7によると、分散分析表では、交互作用のF値が5%有意であることが示されています。

変動因	平方和	自由度	平均平方	F値
学習法	50.62	1	50.62	57.13***
性差	34.23	1	34.23	38.62***
交互作用	4.23	1	4.23	4.77*
誤差	31.90	36	0.89	
全体	120.99			

*$p < .05$ **$p < .01$ ***$p < .001$

図7

交互作用が認められたということは，図8のように，学習法1から学習法2への得点の変化が，男性と女性で異なることが，統計的に示されたといえます。**学習法2がとくに女性に有効**である，と結論づけることができるでしょう[9]。

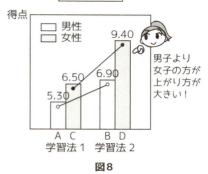

図8

■ 単純主効果の検定

交互作用が有意となった場合，**単純主効果の検定**を行います。単純主効果の検定は，1要因分散分析における多重比較のようなもので，各平均値について，どの部分が有意差なのかを検定するものです。

今回の例題9の場合，たとえば，男性のみで学習法1と2を比較（図1のAとBを比較）します。ここで有意差があれば，「男性における学習法の単純主効果あり」と表現します。検定の詳細は省略しますが，今回の例題9について単純主効果の検定結果をまとめると以下のようになります。

- 男性における学習法の単純主効果あり（AとBに有意差）
- 女性における学習法の単純主効果あり（CとDに有意差）
- 学習法1における性差の単純主効果あり（AとCに有意差）
- 学習法2における性差の単純主効果あり（BとDに有意差）

2要因分散分析 まとめ

- **主効果**とは，単独の要因のみの効果のこと。
- **交互作用**とは，ある要因の効果が，もう片方の要因によって異なること。グラフの形から判断可能。
- 交互作用が有意となった場合，単純主効果の検定が必要。

---

[9] 今回は2要因分散分析の説明のために，統計ソフトを用いて分散分析表を算出し，交互作用が有意であることを示しました。しかし例題9ではそこまでの手計算は求められておらず，平均値から交互作用が有意であることが予想できれば十分です。

確認問題9

(1) 研究の結果，次のようなグラフが描かれたとして，交互作用があると考えられるものはどれか。あてはまる番号をすべて答えなさい。

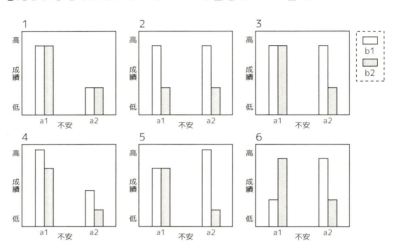

解 説

a1 から a2 への変化を線で結ぶと，以下のようになる。この時，2つの線が<u>平行であれば</u>，a1 から a2 への変化の仕方が b1 と b2 で変わらないため，交互作用なしと予想できる。逆に，<u>平行でなければ</u>，a1 から a2 への変化の仕方が b1 と b2 で異なるため，交互作用ありと予想できる。

以上のことから，交互作用があると予想されるのは，線が<u>平行ではない3と5と6</u>と判断できる。

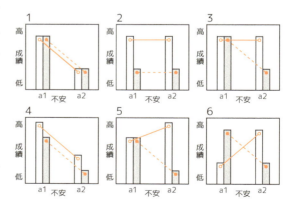

解 答

<u>3、5、6</u>

(2) 要因Ａ（性別）が２水準（男，女），要因Ｂ（時期）が３水準（前期，中期，後期）であるような２要因デザインの実験で，２要因を組み合わせた６つの各セルの平均値が次の表のようになった。このとき，要因Ａの主効果，要因Ｂの主効果，Ａ×Ｂの交互作用の有無に関する記述として正しいものはどれか。選択肢より１つ選び，番号で答えなさい。ただし，６つのセルとも人数が等しく，標準偏差の差は無視できる程度に小さいものとする。

	B1（前期）	B2（中期）	B3（後期）
A1（男性）	14.0	8.0	14.0
A2（女性）	10.0	16.0	10.0

1. 要因Ａの主効果とＡ×Ｂの交互作用がある。
2. 要因Ｂの主効果とＡ×Ｂの交互作用がある。
3. 要因Ａの主効果のみがある。
4. 要因Ｂの主効果のみがある。
5. Ａ×Ｂの交互作用のみがある。

（2013　東京国際大学大学院）

解　説

性別ごと，時期ごとの平均値を求めると，以下の表のようになる。

	B1	B2	B3	全体
A1	14.0	8.0	14.0	ア 12.0　（14＋8＋14）÷3
A2	10.0	16.0	10.0	イ 12.0　（10＋16＋10）÷3
全体	ウ 12.0	エ 12.0	オ 12.0	
	（14＋10）÷2	（8＋16）÷2	（14＋10）÷2	

　上の表のアとイに差がないことから，性別の主効果はないと予想される。また，ウ・エ・オにも差がないことから，時期の主効果もないと予想される。だが，A1（男性）とA2（女性）で，B1からB2，B2からB3への変化の仕方が異なるため，交互作用が予想される。よって，解答は5となる。

解　答

5

応用問題2

「データの読み取り」形式の出題は，主効果・交互作用の読み取り問題が圧倒的に多い。そこで，以下の問題を利用して，主効果・交互作用の読み取りに関する実戦トレーニングを行ってみよう。

次の検定結果の意味および解釈として，誤った組み合わせはどれか。①〜⑩のなかから選びなさい。

——

中学1年生236人を対象に，友人数（2）×学力水準（3）による学校適応感を分析した。表1は各群の学校適応感得点の平均と標準偏差である。

表1　友人数と学力水準からみた学校適応感の程度

友人数	多い			少ない		
学力水準	上位	中位	下位	上位	中位	下位
N	47	45	33	32	48	31
Mean	249.1	259.8	256.7	213.4	224.4	172.3
S.D.	73.7	63.3	69.6	73.6	63.2	70.2

$N=236$

分散分析の結果，交互作用が有意であった（$F_{(2,230)}=3.12, p<.05$）。

友人数の単純主効果を分析したところ，学力上位・中位群では5%水準で有意であり（学力上位群 $F_{(1,230)}=5.00$，学力中位群 $F_{(1,230)}=4.91$），学力下位群では1%水準で有意であった（$F_{(1,230)}=27.93$）。

また，学力の単純主効果は，友人数が多い群において有意ではなかったが，少ない群においては1%水準で有意であった（$F_{(2,230)}=5.92$）。LSD法を用いた多重比較の結果，友人数が少ない群においては，学力上位・中位である者の平均が，下位である者の平均よりも有意に大きかった（$MSe=4839.31, p<.05$）。

——

注）この研究結果は架空のものである

a. 従属変数は学校適応感である。

b. 友人数と学力水準には相関関係がある。

c. 自由度は236である。

d. 友人が多い生徒のなかでは，学業成績が良いと学校適応感が低くなる。

e. 友人が少ない生徒では，学業成績の良いことが学校適応感を支えている。

① a　　② b　　③ c　　④ d　　⑤ e

⑥ aとb　⑦ bとc　⑧ cとd　⑨ dとe　⑩ bとcとd

(2013　駒沢女子大学大学院)

解 説

①分散分析の結果，交互作用が有意であった（$F_{(2,230)}=3.12, p<.05$）。
友人数の単純主効果を分析したところ，②学力上位・中位群では5％水準で有意であり（学力上位群 $F_{(1,230)}=5.00$，学力中位群 $F_{(1,230)}=4.91$），③学力下位群では1％水準で有意であった（$F_{(1,230)}=27.93$）。
また，学力の単純主効果は，④友人数が多い群において有意ではなかったが，⑤少ない群においては1％水準で有意であった（$F_{(2,230)}=5.92$）。LSD法を用いた多重比較の結果，⑥友人数が少ない群においては，学力上位・中位である者の平均が，下位である者の平均よりも有意に大きかった（$MSe=4839.31, p<.05$）。

交互作用や単純主効果の読み取りと関連の深い選択肢であるdとeを先に検証する。
表1のデータと問題文中の下線部①を図示したものが図1，下線部②・③を図示したものが図2である。とくに図2からは，学力の高低に関係なく，友人の多さが学校適応感の高さに関連していることがわかる。

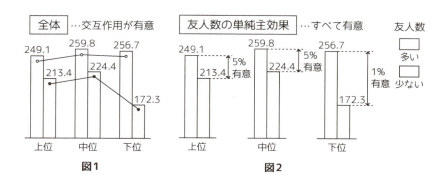

下線部④を図示したものが図3，下線部⑤・⑥を図示したものが図4である。下線部④から，友人が多い群では学校適応感の有意差は認められていない。よってdは誤り。
下線部⑤⑥と図4から，友人の少ない群では，学力の上位・中位が，それぞれ下位より有意に学校適応感が高いことが認められている。よってeは適切。

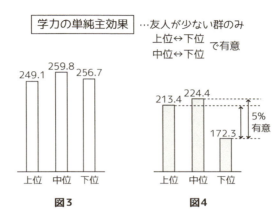

図3　　　　　　図4

　他の選択肢を確認しよう。本研究では，友人数の多さと学力水準を独立変数として被調査者を2×3の6群に分類し，従属変数である学校適応感に差異がみられるかを検討している。よってAは適切。

　Bは誤り。基本的に独立変数は相互に「独立」していることが望まれるため，独立変数間の相関が高いことは望ましくない。その上，本問題では独立変数間の相関を検討するためのデータが示されていない。

　Cは誤り。本研究は被調査者（N）236名について6群で実施しているため，自由度は236－6＝230である。詳細はp.160「25　自由度」を参照。

解　答

例題9 解答・解説

解答例

設問1

表 各群の得点の平均値・標準偏差

		学習法	
		学習法1	学習法2
性差	男性	5.30 (1.10)	6.90 (0.70)
	女性	6.50 (1.02)	9.40 (0.66)

（ ）内は標準偏差を表す

設問2

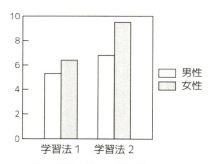

図 各群の得点の平均値

設問3

　この結果をパラメトリック検定にかけるとすると，（ 2元 ）配置の（ 分散 ）分析が考えられる。予想としては，性の（ 主 ）効果，学習法の（ 主 ）効果，また（ 交互 ）作用が考えられる。

解　説

　例題3と例題9は同問題だが「データの整理」の多様性を示すために，あえて異なる解答例を示した。例題3の解答例では，データを直接記述する記述統計法の視点で示した。例題9の解答例では，設問3の内容を踏まえ要因計画法の視点で示した。ぜひ2つの解答例を見比べてみよう。なお主効果と交互作用について，本問では，厳密な分析をせずとも結果から予測できれば十分と思われる。

例題10 因子分析

【問】高校生200名に，家での様子に関する以下の7つの質問項目について，1（あてはまらない）～5（あてはまる）の5件法で答えてもらい，その結果を集計した。以下の表は，因子数を2として因子分析を行い，バリマックス回転を施した後の因子負荷量行列である。

質問項目
① リビングのテレビがつけっぱなしであることが多い。
② 家族全員で一緒に食事をとることが少ない。
③ 父親（母親）の帰宅が遅い時間になることが多い。
④ 家族それぞれが自分の部屋で過ごすことが多い。
⑤ 親が一方的・支配的で，怒られてしまうことが多い。
⑥ 親に，学校で起こった出来事を話すことが少ない。
⑦ 親同士の夫婦ゲンカが多い。

表　因子負荷量行列

	I	II
①	.76	.05
②	.99	.01
③	.80	.02
④	.87	.03
⑤	.02	.92
⑥	.04	.84
⑦	.03	.77

(1) 表の因子負荷量行列と質問項目から，第I因子と第II因子に適した因子名を自分で考え，理由とともに述べなさい。

(2) 表の因子負荷量行列は，バリマックス回転を施した後の因子負荷量行列である。因子回転の方法には，他にプロマックス回転があげられる。この2つの回転法のちがいについて説明しなさい。

例題10の攻略ポイント

・因子分析および因子軸の回転に関する理解を問う出題。
・因子分析は，心理統計で多く使われる分析の1つ。まず，分析の目的と解釈の注意点を中心に理解を進めよう。

▶ 用語解説は次ページから　▶ 解答例は p.142

例題10 因子分析 ▶▶▶ 難易度 ★★★

因子分析

factor analysis

学習のポイント
- [ ] 心理統計の山場。目的とイメージをしっかりつかもう。
- [ ] 院試では用語論述としての出題が多い。各用語を述べられるように。

About this word

因子分析は，心理学の論文でも数多く目にする分析の1つです。まずはイメージをつかみ，その後で実施・解釈における注意点を述べます。

■ 因子分析の目的

<u>測定された変数の背後に存在する潜在的な変数</u>を**因子**といいます。因子を理解するため，例題10の質問項目をもう一度確認してみましょう。

質問項目

①テレビつけっぱなし 　③親の帰宅が遅い 　⑤親によく怒られる 　⑦夫婦ゲンカが多い

②一緒の食事が少ない 　④それぞれ自分の部屋 　⑥親に話さない

図1

ここで①〜④の内容に注目します。家族で会話をする時間をつくろうとすれば，テレビを切ったり，家族で一緒に食事をとったり，親が早く帰宅したり，自分の部屋だけでなく家族でリビングに集まって過ごしたりするはずです。つまり，①

〜④の背景には「**家族がコミュニケーションをとる時間をつくろうとしていない**」ことが原因として想定されます。

また、⑤〜⑦の内容に注目すると、親から子への信頼、子から親への信頼、そして夫婦間の信頼と、家族の信頼関係がうまく形成されていないように思われます。つまり、⑤〜⑦の背景には「**家族間の信頼関係が成立していない**」ことが原因として想定されます。

図2

図2のように、①から⑦の背景には「家族がコミュニケーションをとる時間をつくろうとしていないこと」「家族間の信頼関係が成立していないこと」の2つの原因が予想されます。この2つが因子です。**因子分析**は、こういった複数の測定変数の背後に存在する因子を発見することが目的です。

また、①〜⑦の内容を「家族がコミュニケーションをとる時間をつくろうとしていないこと」「家族間の信頼関係が成立していないこと」という2つの因子にまとめることができた、と考えることができます。このように、因子分析は複数の変数の圧縮・整理に用いられることが多いです。

■ **因子負荷量と因子の命名**

例題10では、**因子負荷量**という値が算出されています[1]。この算出された因子負荷量を解釈してみましょう。

因子負荷量は、因子が測定変数に影響を与えている程度を表す値です。因子負荷量は−1〜+1で表され、**±1に近いほど影響が強くなります**[2]。よって

表 因子負荷量行列

	Ⅰ	Ⅱ
①	.76	.05
②	.99	.01
③	.80	.02
④	.87	.03
⑤	.02	.92
⑥	.04	.84
⑦	.03	.77

 第Ⅰ因子は①〜④の値が大きい！

 因子負荷量からも①〜④と⑤〜⑦に分かれることが示されたね

表から、第Ⅰ因子は①〜④には強く影響を与えていますが、⑤〜⑦にはほとんど影響を与えていないことがわかります。同様に、第Ⅱ因子は①〜④にはほとんど影響を与えていませんが、⑤〜⑦に強く影響を与えていることがわかります。図示すると、以下の図3になります。

先ほど、例題10の質問項目は①〜④と⑤〜⑦の2つに圧縮・整理できるのではないかと予想しましたが、それが統計的に示された形になります。

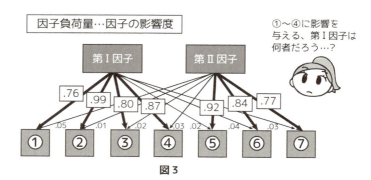

図3

因子分析では、因子負荷量の算出を終えたあと、各因子の命名に移ります。たとえば例題10における第Ⅰ因子は、家族が会話する機会を設けようとしていないことが背景にあると考えられるため**「家族会話意識の欠如」**と命名します。同様に、第Ⅱ因子は、家族間の信頼関係が欠けていることが背景にあると考えられるため**「家族間信頼関係の欠如」**と命名します。

つまり、①〜⑦の背景には「家族会話意識の欠如」と「家族間信頼関係の欠如」の2つの因子が潜んでいることがわかりました。これで因子分析は終了です。

---

1 図3は「回転後」の因子負荷量です。回転とは何かは、次項で詳しく説明します。
2 因子負荷量は、各因子との相関係数（のようなもの）と考えると理解しやすいでしょう。

因子分析は，この**因子の命名・解釈が一番面白いところであり，一番難しいところでもあり，研究者の腕の見せどころ**でもあります。比較的わかりやすい例ならともかく，信じられないような組み合わせで因子が発見されることもあり，その時は非常に頭を悩ませます。しかしどんな場合であっても，「なぜそのような因子名をつけたのか」「なぜそのような意味に解釈したのか」といった理論武装を可能な限りしておくことで，説得力のある理論が展開できます。

■ 因子分析の注意点

因子分析における注意点を紹介していきます。

① 因子は，実在しない架空のデータ

測定された変数は"実在するデータ"ですが，因子分析で発見・命名された**因子は"実在しない架空のデータ"**です。

例題10では先ほど，①～⑦の内容の因子分析から，第Ⅰ因子を「家族会話意識の欠如」，第Ⅱ因子を「家族間信頼関係の欠如」と命名しましたが，これは①～⑦から推測される"架空のデータ"にすぎません。

また"命名"したことからもわかるように，第Ⅰ因子が必ず「家族会話意識の欠如」を表す！　という保証もありません。あくまで，**因子の名称は測定変数の内容や理論的背景と分析者の主観（感覚）に基づくもの**であることに注意してください。

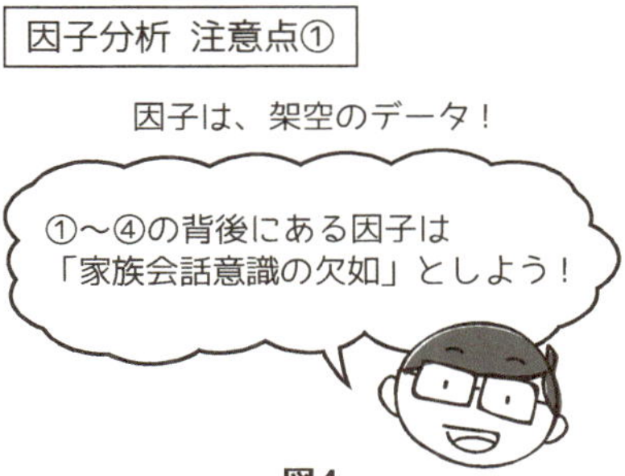

② 因子数の決定

実は，因子分析はあらかじめ因子の個数が何個になるか，分析"前"に仮定しておく必要があります。そこで，因子分析では「もし

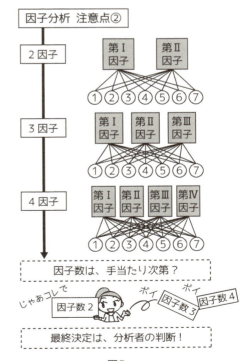

図4

図5

因子数が2個なら」「もし因子数が3個なら」「もし因子数が4個なら」と，さまざまな因子数を仮定して，分析を行います。同じデータについて，因子数を2個，3個…とさまざまな数で因子分析した結果，どの因子数でも納得のいく結果が表れた場合，最終的な結果をどの因子数にするかは，**分析者の判断**です（図5）。

よって，考えなしに因子分析を行ってしまうと，因子数をいくつにしたらいいのかわからず，混乱してしまいます。そのため，先行研究と理論的背景に基づいた仮説をしっかりもち，その仮説に基づいた視点をもちつつ，それを修正しながら分析を進めていく必要があるのです。

ちなみに，因子分析には**探索的因子分析**と**検証的因子分析**の2種類があります。一般的に因子分析といわれた場合，探索的因子分析のことを指し，ここまで紹介してきた因子分析も探索的因子分析です。対して検証的因子分析とは，**事前の知見から考えられる因子構造（因子数や因子負荷量）を検証的に確認する因子分析**です。

MORE!!

因子数を，固有値という値を用いて決定することもあります。固有値が1以上の因子に注目し，さらに固有値の推移を図にしたもの（スクリープロット）において，急激に数値が減る前までの因子数を採用する，という考え方をとります。また，2因子ならば2因子までの累積寄与率を，3因子ならば3因子までの累積寄与率をそれぞれ求め，それがある一定以上の値（約50％前後）を示すかどうかを確かめる，というのも1つの判断基準です。しかしこれらの判断基準は目安にすぎず，最終的には，やはり分析者の判断が求められることがほとんどです。

---

③ 測定変数の選択

因子分析では，**どのような測定変数を用いるか**が重要となります。たとえば図6のように，睡眠時間とCDの所持枚数と視力の良さ，という3つの変数を「なんとなく」因子分析したとしても，背後にある因子を想定することも命名することも困難でしょう。具材を何でも鍋に放り込めば，勝手に料理ができあがるわけではありません。

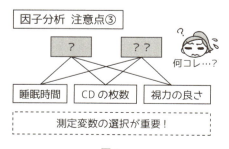

図6

因子分析は，分析者の理論や考えが強く反映される分析であり，それだけ分析者への責任が強く問われるともいえるでしょう。

> **MORE!!**
>
> 因子分析と類似した分析に，主成分分析があります。**複数の変数を1つの主成分に合成することを目的**とします。複数の因子を想定する因子分析とは，1つの主成分への合成を目指す点で異なります。
>
>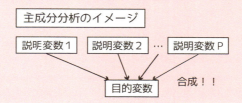

■ 因子分析の背景

最後に，因子分析が心理学において頻繁に使用されることになった背景を紹介します。オールポートという人物は，人間を複数の性格特性の集合体と考えました（**性格特性論**）。そして，その性格特性を研究するために辞書から性格に関する言葉を抽出したのですが，性格語は約18000もあり，あまりにも膨大すぎる量でした。

その後，キャッテルという人物が現れます。彼が，膨大な数の性格語を分類・整理するために用いた統計手法こそが，因子分析だったのです。キャッテルは因子分析を用い，膨大な数の性格語を16の特性に絞り込むことに成功しました。以降，とくに心理測定の分野を中心に，因子分析が多く用いられるようになったといわれています。

因子分析 まとめ

- **因子分析とは，複数の測定変数の背後に存在する因子を発見することを目的とした分析。**
- **因子分析は，複数の変数の圧縮・整理に用いられることが多い。**
- **因子負荷量は，因子が測定変数に影響を与えている程度を表す値。**
- **因子の命名，因子数の決定，測定変数の選定は，分析者が自ら行う。そこに，分析者の理論や仮説が大きく反映される。**

例題 10 因子分析 ▶ ▶ ▶ 難易度 ★★★

21 因子軸の回転

factor rotation

学習のポイント
- [ ] 因子軸を回転させる意図とイメージをしっかりつかもう。
- [ ] 直交回転と斜交回転を，区別できるようになろう。

About this word

例題10で示されている因子負荷量は，問題文中に「バリマックス回転を施した」とあるように「回転後」の因子負荷量です。では「回転前」の因子負荷量とは，どのような状態だったのでしょうか[3]。

表1　回転前の因子負荷量行列

	I	II
①	.65	-.39
②	.79	-.54
③	.62	-.50
④	.73	-.46
⑤	.54	.73
⑥	.53	.63
⑦	.50	.58

なんかみんな同じような数…

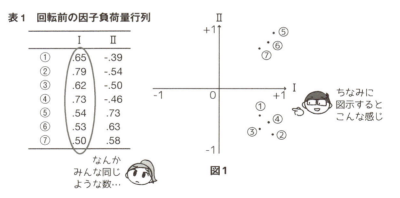

ちなみに図示するとこんな感じ

図1

第Ⅰ因子の因子負荷量が似たような値ばかりで，きれいに第Ⅰ因子と第Ⅱ因子に分かれていません。

そこで登場するのが「回転」です。回転とは**グラフの軸を文字通り回転させ，各因子を解釈しやすい状態にすること**です。図1のグラフのデータの集まっている場所に注目して軸を回転させたものが，図2のグラフです。回転させることにより，Ⅰに①～④が，Ⅱに⑤～⑦が集まっていることがわかります。

---

3 因子負荷量の算出には，主因子法，最尤法（さいゆうほう）などさまざまな方法があります。かなり高度な理解を要するため，本書では省略します。ここでは，主因子法を用いたものとします。

138

回転させることにより，因子負荷量が変化します。この回転後の因子負荷量が，例題10で示されている因子負荷量です。図3からも，回転前よりはっきりⅠとⅡに分かれていることがわかります。このことを「単純構造に近くなる」と表現します。

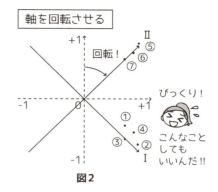

図2

表2　回転後の因子負荷量行列

	Ⅰ	Ⅱ
①	.76	.05
②	.99	.01
③	.80	.02
④	.87	.03
⑤	.02	.92
⑥	.04	.84
⑦	.03	.77

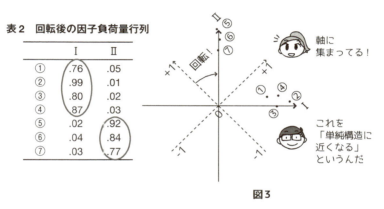

図3

　ちなみに，今行った回転は「直交回転」とよばれるものですが，他に「斜交回転」とよばれる回転もあります。さらに，直交回転・斜交回転それぞれに，さまざまな種類の方法があります。最も有名な方法は，直交回転のバリマックス法です（斜交回転で最も有名なものはプロマックス法です）。

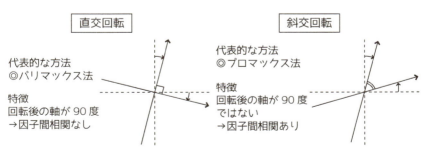

図4

たとえば以下の図5のように因子負荷量が算出された場合は，直交回転よりも斜交回転の方が，単純構造に近づきやすくなります。ただし，斜交回転で得られた因子は，<u>因子間相関をもつ</u>という特徴があり[4]，各因子が独立していることを前提とする場合[5]は，注意が必要です。

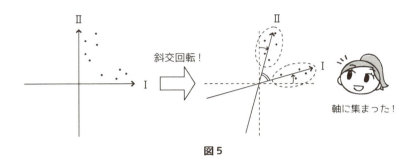

図5

> **MORE!!**
> 実際の心理学研究の現場では，算出された因子負荷量をもとに測定変数を取捨選択し，その後もう一度因子分析を行うということが行われます。因子負荷量の基準を決め（大体は .30 から .50 ぐらい），どの因子に対する因子負荷量も基準に満たない測定変数や，複数の因子で基準を満たしている測定変数は，因子間の区別を明確にするために必要ない項目と判断し，それらの項目を除外して再度因子分析を行います。

> **MORE!!**
> 因子が3つ以上ある場合は，第Ⅰ因子と第Ⅱ因子だけで回転，第Ⅰ因子と第Ⅲ因子だけで回転，第Ⅱ因子と第Ⅲ因子だけで回転，といったように2軸ごとに回転させていきます。

因子軸の回転 まとめ

- 因子軸の回転とは，単純構造に近づけるために軸を回転させること。
- 回転方法は，大きく分けて直交回転と斜交回転がある。直交回転は因子間相関がなく，斜交回転は因子間相関を認めている。

---

[4] 斜交回転の場合，なぜ因子間相関が生じるかは p.142「例題10 解答・解説」を参照。
[5] 代表的な場合として，重回帰分析があげられます。詳細は p.148「23 重回帰分析」で。

確認問題 10

(1) 次の用語を，簡潔に説明しなさい。

① 因子分析　　② 斜交回転

(2) 因子分析に関する次のA～Dの記述について，適切なものをすべて選び，記号で答えなさい。

A　因子分析を行った結果，抽出された因子が多ければ多いほど優れた分析だといえる。

B　因子負荷量とは，それぞれの変数と抽出された因子間の関係の強さを表し，0から1の間の値をとる。

C　因子分析には，探索的因子分析と確証的因子分析がある。

D　因子分析によって抽出された因子は，注目している構成概念と一致している。

（2013　淑徳大学大学院　改題）

解　説

（2）因子数の大小は，分析の優劣に影響しない。因子数が多いということは，むしろ変数の圧縮・整理に失敗しているとさえいえる。よってAは誤り。因子負荷量は−1～+1の値をとる。よってBは誤り。Cは適切。因子分析によって抽出された因子は「命名された架空の存在」であるため，構成概念と一致しているとは限らない。よってDは誤り（なお，改題前はp.33のような選択肢から選ぶ形式で，本問のA～Dの文章内容は原題のままである）。

解　答

(1) ① 因子分析とは，複数の測定変数の背後に存在する因子を発見することを目的とした分析で，変数の圧縮・整理に用いられる。

② 斜交回転とは，因子間相関を認める形で因子負荷量を単純構造に近づける，因子軸の回転法の1つである。

(2)　C

141

例題10　解答・解説

解答例

(1) 第Ⅰ因子に対して高い因子負荷量をもつ質問項目は①～④である。これらの質問項目は，テレビをつけている，食事を一緒にとらないなど，家族が会話する機会を設けようとしていないことが共通点としてあげられる。よって，第Ⅰ因子を「家族会話意識の欠如」と命名する。

第Ⅱ因子に対して高い因子負荷量をもつ質問項目は⑤～⑦である。これらの質問項目は，家族間の信頼関係が欠けていることが共通点としてあげられる。よって，第Ⅱ因子を「家族間信頼関係の欠如」と命名する。

(2) バリマックス回転は，直交回転の代表的な手法である。直交回転では，因子を単純構造に近づけるために因子軸を回転させる際，因子軸を直角に保ったまま回転させる。そのため，因子間相関はない。

対するプロマックス回転は，斜交回転の代表的な手法である。斜交回転では，因子軸を回転させる際，因子軸の角度を直角に限定しない。そのため，因子間相関が生じる。

以上のように2つの回転法の主なちがいとして，因子軸の直角を保つか否か，因子間相関が生じるか否か，という2点があげられる。一般的に，因子軸の角度を限定しない斜交回転の方が因子が単純構造に近づきやすくなる。しかし因子間相関が生じるため，各因子の独立性が重要となる場合は望ましい回転法ではない。研究内容や目的に応じて2つの回転法を使い分けることが重要となる。

解　説

(2)について，直交回転と斜交回転の主な違いは，因子間相関が生じるか否かである。なぜ斜交回転だと因子間相関が生じるのかを右図に簡単に説明したので，参考にしてほしい。

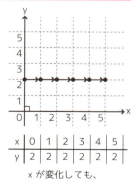

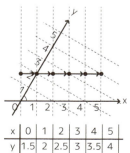

xが変化しても、
yは変化しない
→xとyは無相関

xが変化すると、
yも変化する
→xとyに相関あり！

例題11 回帰分析

【問】ある飲食店で，気温と湿度からジュースの売れ行きを予測するために，過去のデータから回帰方程式を求めた。それによると，このような予測ができた。

気温30度，湿度60%なら110本売れると予測できる。
気温20度，湿度40%なら90本売れると予測できる。
気温35度，湿度50%なら130本売れると予測できる。

①〜③に答えなさい。

① 式の中の空欄（ア〜ウ）に適切な数字を入れなさい。
売り上げ予測本数をy，気温をx_1度，湿度をx_2%とすると，
回帰方程式は$y = a_1 \cdot x_1 + a_2 \cdot x_2 + b$で表せる。
このとき，$a_1 = (\quad ア \quad)$　$a_2 = (\quad イ \quad)$　$b = (\quad ウ \quad)$

② この回帰方程式を得るために使用したデータは気温15〜35度，湿度20%〜80%の範囲にあったが，数値的には気温40度，湿度10%でも予測可能である。このような予測手法を何と呼ぶか。

③ 実はこの予測には統計上の問題点がある。その問題点を指摘して，どのような改善を加えるべきか答えなさい。

（2007　愛知淑徳大学大学院）

例題11の攻略ポイント

・回帰分析に関する理解を問う出題。本問では，多少の計算も必要。
・回帰分析および重回帰分析は，いわゆる方程式的な考え方をする分析。中学校での数学の知識をうまく活用して理解していこう。

▶ 用語解説は次ページから　▶ 解答例は p.154

例題 11 回帰分析 ▶▶▶ 難易度 ★★★

22 回帰分析

regression analysis

学習のポイント
- ☐ 重回帰分析の理解につながるキーワード多数。
- ☐ 若干数式が多いが，多くは中1範囲。がんばって理解したい！

About this word

回帰分析（単回帰分析）とは，<u>1つの独立変数の値から1つの従属変数の値を予測する際に用いられる</u>分析手法です（図1）。

中学生の頃に，1次関数を学習したと思います。$y=ax+b$ で，a が傾き，b が切片とよばれるものです。そして x の値が決まると，y の値も自動的に決定される…つまり，x の値さえわかれば y の値が予測できます。単回帰分析はこの1次関数とまったく同じしくみです。

たとえば気温を x 度，ジュースの売れ行きを y 本とした時，仮に $y=2x+50$ と示されたとします。すると，図2のように，**さまざまな気温に対してジュースが何本売れるか，予測できる**のです。

この $y=2x+50$ のような式のことを，**回帰式**といいます。回帰分析は<u>回帰式を求めることで，独立変数による従属変数の予測を可能にすること</u>が目的です[1]。

なお，図3のように，回帰式における

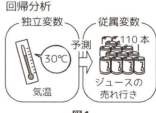

図1

たとえば、気温 x ℃、売れ行き y 本で $y=2x+50$ なら…？

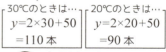

気温から、売れゆきが予測できるね!!
なるほど

図2

図3

---

[1] 回帰式では $y=b+ax$ と，切片を前に表すことも多いですが，本書ではわかりやすさを優先して $y=ax+b$ と表現します。

a の値を**回帰係数**といいます。$y=2x+50$ における回帰係数は 2 です。

■ **回帰式の作り方**

まずは図4のように，気温30度の時の売れ行きが110本，気温20度の時の売れ行きが90本であるときの，回帰式を求めてみたいと思います。

気温を x，売れ行きを y として，$y=ax+b$ に代入し方程式を解くと，a と b の値をそれぞれ求めることができます。これで $y=2x+50$ という回帰式の完成です。

では次に図5のように，新たに「気温35度の時の売れ行きが130本」というデータが加わったとしたらどうでしょうか。

先ほどの $y=2x+50$ という回帰式に $x=35$ を代入すると，予測値 y が $2 \times 35 + 50 = 120$ となり，実測値である130との誤差が生じてしまいます[2]。この誤差のことを**残差**といいます。

データが多くなると，**残差のない回帰式を作成することは，事実上不可能**になります。実際に図5のように，さまざまな回帰式を作成しても，必ずア〜ウのどれかで残差が生じてしまいます。

そこで発想を変えて，残差（＝予測値と実測値の誤差）が生じるものとして，**残差が最も小さくなるように a と b を算出する**ことを考えます。そのための方法が**最小二乗法（最小自乗法）**です。図6のように，最小二乗法によって導き出された回帰式 $y=2.6x+37.1$ は，残差が最も小さくなるように回帰係数と切片が設

CASE①

	気温 x	売れゆき y
ア	30℃	110本
イ	20℃	90本

から $y=ax+b$ を求める!!

中1の1次関数だね

⇩

アとイを $y=ax+b$ に代入

$\begin{cases} 110 = 30a+b \cdots ア \\ 90 = 20a+b \cdots イ \end{cases}$

あとは，この方程式を解くと…？
$a=2, b=50$ となる

⇩ OK!

回帰式、完成！ $y=2x+50$

図4

CASE②

	気温 x	売れゆき y
ア	30℃	110本
イ	20℃	90本
ウ	35℃	130本

から $y=ax+b$ を求める!!

⇩ でも…

アとイだと…？ イとウだと…？ アとウだと…？

$y=2x+50, \quad y=\dfrac{8}{3}x+\dfrac{110}{3}, \quad y=4x-10$

 どうすればいいの？

図5

そこで 最小二乗法 を使うと…！

$y=2.6x+37.1$ となる

　　　　　　　　　予測値　　実測値 y
ア…$2.6 \times 30 + 37.1 = 115.1 \leftrightarrow 110$
イ…$2.6 \times 20 + 37.1 = 89.1 \leftrightarrow 90$
ウ…$2.6 \times 35 + 37.1 = 127.1 \leftrightarrow 130$

このズレが最小となるよう回帰係数（2.6）と切片（37.1）が設定されている！
最小二乗法ってすごい！ 

図6

---

2 今後，予測値と実測値という言葉がたくさん出てきます。混乱してきたら，以下のようにとらえてください。**予測値**…$y=ax+b$ に x を代入・計算したことにより求められた y の値。**実測値**…$y=ax+b$ の計算ではなく，すでにデータとして示されている y の値。

定されています[3]。これでさまざまなデータについて，精度の高い予測が可能となります。

■ 回帰係数と独立変数の影響力

$y=5x+20$ の場合，x が1変化するごとに y は5ずつ変化していきますが，$y=0.5x+20$ の場合，x が1変化しても y は0.5しか変化しません（図7）。つまり回帰係数5の方が，回帰係数0.5の時よりも，x の影響が大きいことがわかります。このように回帰係数の値は，<u>独立変数（x）が従属変数（y）に与える影響力の大きさ</u>を表します[4]。

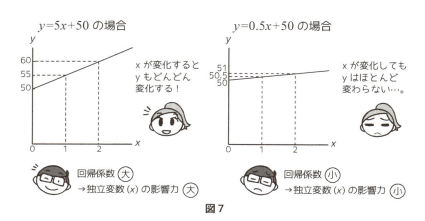

図7

■「回帰」という名前

最後になぜ「回帰式」とよぶのか，紹介したいと思います。

平均への回帰[5] とよばれる現象があります。たとえば，2つのサイコロを振って出目の和を考えてみましょう。この時，出目の和は最低が2で最高が12，平均値は7です。ここで5-6の合計11が出た場合，もう一度サイコロを振って，さらに高い値である6-6の合計12が出る確率よりは，合計10以下が出る確率の方が圧倒的に高いことでしょう。同様に，1-2の合計3が出た場合，もう一度サイコロを振って，さらに低い値である1-1の合計2が出る確率よりは，合計4以上になる確率の方が圧倒的に高いことでしょう。このように，平均値より離れた値が計測された場合，次に計測される値は，より平均値に近い値となりやすいことを，平均への回帰といいます（図8）。

---

3 最小二乗法による，回帰係数と切片の具体的な算出方法は省略します。
4 回帰係数が負の値を示すこともあるので，正確には絶対値を考えます。回帰係数の絶対値が大きいと影響力が強く，絶対値が小さいと影響力が弱いことになります。また，他の回帰式と比較する場合は，標準化が必要です。
5 「平均への回帰」現象は，ゴールトンという研究者が残した業績の1つです。

「平均への回帰」とは…?

今までの平均が 50 点のときに…?

もし 60 点を取ったら…?

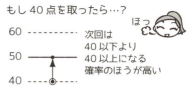
もし 40 点を取ったら…?

どちらにせよ
平均値に向けて「回帰」しているね

図8

次に，図6で求めた $y=2.6x+37.1$ という回帰式を考えます。$x=30$ の時，回帰式に代入して得られた予測値 115.1 に対して，実測値は 110 です。同様に $x=20$，$x=35$ の時の予測値を求め，実測値とともにグラフに表したものが図9です。このとき**「実測値が $y=2.6x+37.1$ という直線（回帰直線）に，回帰している」**と考えられます。これが回帰という名前の由来です。

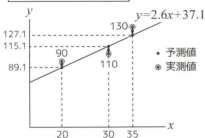

実測値が，直線に向けて
「回帰」してる!!

図9

MORE!!

本項では話題をわかりやすくするために，回帰式を $y=ax+b$ という直線関係に限定しましたが，回帰式は $y=a/x+b$ などの曲線関係も可能です。

例題11 回帰分析

回帰分析 まとめ

■ 回帰分析は，回帰式による従属変数の予測を目的とした分析。
■ 回帰係数と切片は，最小二乗法によって求められる。
■ 回帰係数は，独立変数が従属変数に与える影響力の大きさを表す。

例題11 回帰分析 ▶▶▶ 難易度 ★★★

23 重回帰分析

multiple regression analysis

学習のポイント
- □ 回帰分析（前項）で学んだ知識を，結びつけて考えよう。
- □ 重回帰分析の問題といえば，まず「多重共線性」を意識できるように。

About this word

　回帰分析は1つの独立変数から1つの従属変数を予測しました。これに対し，**重回帰分析**は図1のように，2つ以上の独立変数から1つの従属変数を予測します。独立変数の数は増えますが，基本的な考え方は回帰分析と同じです。

　回帰式は図2のようになります。なお，独立変数が複数になった時の回帰式のことを**重回帰式**といい，各独立変数に対応した回帰係数を**偏回帰係数**とよびます。

　では，実際に重回帰式を作ってみましょう。例題11のデータを代入して重回帰式を作ると，図3のようになります。なお今回は，連立方程式で重回帰式を作ることができましたが，データが多い時は回帰分析同様，最小二乗法を利用して，予測値と実測値の差（残差）が最小となるよう偏回帰係数を求めます。

　重回帰式を作ることができれば，図4のように，さまざまな気温や湿度を代入して，ジュースの売れ行きを予測することが可能となります。

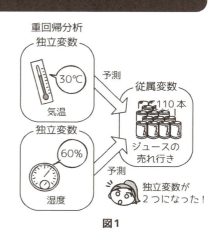

図1

独立変数　　回帰式（重回帰式）
1つの場合…$y = ax + b$
2つの場合…$y = a_1 x_1 + a_2 x_2 + b$
3つの場合…$y = a_1 x_1 + a_2 x_2 + a_3 x_3 + b$
　　　　　　　　　　　　⋮
p個の場合…$y = a_1 x_1 + a_2 x_2 + \cdots + a_p x_p + b$

独立変数が増えた分式も長くなってる！

$a_1, a_2, a_3, \cdots a_p$
⇨ 偏回帰係数

図2

	気温 x_1	湿度 x_2	売れゆき y
ア	30℃	60%	110 本
イ	20℃	40%	90 本
ウ	35℃	50%	130 本

から $y = a_1 x_1 + a_2 x_2 + b$ を求める！

ア〜ウを代入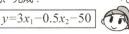

$$\begin{cases} 110 = 30a_1 + 60a_2 + b \cdots ア \\ 90 = 20a_1 + 40a_2 + b \cdots イ \\ 130 = 35a_1 + 50a_2 + b \cdots ウ \end{cases}$$

あとは、この連立方程式を解くと…？

$a_1 = 3,\ a_2 = -0.5,\ b = 50$

重回帰式、完成！

$$y = 3x_1 - 0.5x_2 - 50$$

図3

重回帰式がわかれば？

$y = 3x_1 - 0.5x_2 + 50$

$\begin{cases} 気温(x_1)\ 40℃ \\ 湿度(x_2)\ 10\% \end{cases}$ の時の売れゆきは？

$y = 3 \times 40 - 0.5 \times 10 + 50$
$ = 120 - 5 + 50$
$ = 165$

→165 本と予測できる！

図4

■ 標準偏回帰係数と影響力の比較

重回帰分析は、複数の独立変数から従属変数を予測することが目的ですが、心理統計では、<u>各独立変数が従属変数に与える影響力を比較する</u>目的で使われることも多いです。以下の例を参考にしながら、影響力の比較について理解を深めましょう。

> 高校生 350 名の、自尊心、統制感、積極性、絶望感、自己効力感をそれぞれ測定した。これら測定値のうち、自尊心、統制感、積極性、絶望感を独立変数として、自己効力感を従属変数として、重回帰分析を行った。なお、それぞれの得点の平均値と標準偏差、最小値と最大値は右表の通りである。
>
> | | 平均値 | 標準偏差 | 最小値 | 最大値 |
> |---|---|---|---|---|
> | 自尊心 | 45.1 | 12.8 | 14 | 79 |
> | 統制感 | 26.3 | 7.2 | 10 | 49 |
> | 積極性 | 12.4 | 3.5 | 3 | 21 |
> | 絶望感 | 23.1 | 8.1 | 7 | 49 |
> | 自己効力感 | 48.8 | 12.1 | 19 | 86 |

このデータについて、最小二乗法を用いて実測値と予測値との誤差が最も小さくなるように偏回帰係数を求めた結果、以下のようになりました。

> $y = 0.39x_1 + 0.17x_2 + 1.30x_3 - 0.13x_4 + 19.05$
> ($y =$ 自己効力感, $x_1 =$ 自尊心, $x_2 =$ 統制感, $x_3 =$ 積極性, $x_4 =$ 絶望感)

偏回帰係数が最も大きいのは，積極性の1.30です。ならば，**積極性が最も自己効力感に影響を与える独立変数なのでしょうか**。しかし，積極性の平均値は12.4と，他と比べて極めて低いです。平均値や標準偏差が異なる(標準化されていない)状態での比較は，適切ではありません[6]。

そこで，偏回帰係数の比較を行うために，あらかじめ測定値を標準化してから重回帰式を求めます。標準化された測定値で算出された偏回帰係数を，**標準偏回帰係数**といいます。標準化を行い，標準偏回帰係数を用いた重回帰式が以下のものになります。

$y = 0.41x_1 + 0.11x_2 + 0.38x_3 - 0.09x_4$
(y=自己効力感，x_1=自尊心，x_2=統制感，x_3=積極性，x_4=絶望感)

標準偏回帰係数なら比較が可能です。よって，最も自己効力感に影響力をもつのは「自尊心」で，その次は「積極性」とわかります。標準偏回帰係数は，図5のようなパス図で示すことが多く，これにより影響力をわかりやすく図示することが可能です[7]。

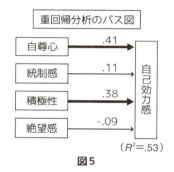

図5

MORE!!

予測値と実測値の相関係数を重相関係数(R)といいます。重回帰式によって実測値を完全に予測できた場合，$R=1$となります。また重相関係数の2乗を重決定係数(R^2)といいます。たとえば図5の例の場合，重決定係数は.53と算出されます。これは，自己効力感の変動(個人差)の約53%を，自尊心，統制感，積極性，絶望感で説明できることを示します(p.75の決定係数と同じです)。

■ **重回帰分析の注意点**

重回帰分析における注意点を紹介していきます。

① **因果関係の想定**

実は回帰分析も重回帰分析も，独立変数が「原因」で従属変数が「結果」である

---

[6] 標準化については p.62「09　標準化と偏差値」参照。
[7] 因子分析などの考え方も交えて，より詳細なパス図を作成し，各変数間の影響力を検討するのが，共分散構造分析(構造方程式モデリング)とよばれる高度な分析です。

という因果関係を想定しています。因果関係を想定するためには，少なくとも以下の3点をすべて満たす必要があります。

1. 独立変数が従属変数よりも時間的に先行していること。
2. 理論的な観点から，因果関係に必然性と整合性があること。
3. 他の変数の影響を除いても，独立変数と従属変数の間に共変関係があること（擬似相関[8]ではないこと）。

図6

よって，明らかに独立変数よりも遅れて生起する変数を従属変数にしたり，理論的に因果関係とは考えられない変数を従属変数にしたりすることはできません。事前の「強い」理論武装が求められます[9]。

② **多重共線性**

独立変数間に強い相関がある場合，重回帰分析の結果に悪影響を及ぼすことがあります。このことを「**多重共線性**がある」といいます。悪影響の例としては，不当に低い（または高い）偏回帰係数が算出されたり，通常考えられる符号（＋−）と逆の結果が得られたりします。

これは，ある変数 x_1 が予測しすぎた[10]ため，x_1 と相関の強い x_2 がほとんど予測できない（偏回帰係数が不当に低い）扱いとなったり，x_1 が予測しすぎた部分を x_2 が打ち消したり（偏回帰係数の符号が逆になる）すると考えられています（図7のイメージを参考にしてください）。

重回帰分析 注意点②
多重共線性のイメージ

2人ともトイレ掃除
（相関 高）

が，はりきり　　が，すごく
すぎた　　　　はりきってしまった

…することが　　少し汚した方が
ない…　　　　　自然かな？

トイレ　ろう下　（相関 低）
もちろん，　なら，問題はないのです

図7

---

8 p.72「11　相関関係と因果関係」における擬似相関の部分を参照。
9 「重回帰分析を使えば，因果関係が想定できる」という考えは注意すべき誤りです。「因果関係が想定できるならば，重回帰分析を使うことができる」が正しいです。注意しましょう。
10 「予測しすぎた」とは，「理論的に予想される偏回帰係数よりも，不当に高すぎる値が示された状態」を意味します。

では，例題11の場合はどうなるでしょうか。図3のように，例題11のデータから $y=3x_1-0.5x_2+50$ という重回帰式が導き出されました。しかし，ここで偏回帰係数の適切さに疑問が生じます。なぜならば，<u>温度と湿度の間には強い相関が予想される</u>ため，<u>多重共線性の問題が生じている可能性がある</u>からです。

重回帰分析を行う際は，独立変数間の相関が強くならないように気をつけましょう[10]。それでも強くなる場合は，相関の強い独立変数同士で1つの独立変数にまとめたり，問題のある独立変数を削除したりすることが必要となります。

図8

MORE!!

例題10で学んだ因子分析や，今回の例題11で学んだ重回帰分析は，総称して多変量解析とよばれています。

各個人が複数の変数をもつデータを多変量データといいます。たとえば，各個人の年齢，性別，身長，体重，年収，性格特性，行動傾向など，さまざまなデータを収集した場合，それは多変量データといえます。そして，そのような複数の変数をもつ多変量データを同時に分析することで，変数間の関係性や特徴を見いだすことを目指す分析が多変量解析です。多変量解析は膨大な計算を要するために実用化困難とされていましたが，近年のコンピューターの発達により実用化が可能となったといわれています。他の多変量解析の例としては，主成分分析，数量化Ⅰ類，Ⅱ類，Ⅲ類，共分散構造分析などがあげられます。

重回帰分析 まとめ

- 重回帰分析とは，2つ以上の独立変数を用いた回帰分析。
- 標準偏回帰係数を用いて，独立変数間の影響力を比較できる。
- 因果関係を想定した分析であること，独立変数間の相関が強いと多重共線性の問題が生じることなどの注意点がある。

---

10 とくに注意したいのが，因子分析で斜交回転を選択した場合です。因子分析で抽出された因子を独立変数として重回帰分析を行う際，斜交回転では因子間相関を認めているため，多重共線性の問題へとつながる可能性が生じます。

確認問題 11

(1) 次の（　　）にあてはまる語を答えなさい。

　重回帰分析において，独立変数間の相関が高すぎる場合には，標本の偏回帰係数の統計的安定性が低くなるという問題が生じることがある。この問題は（　　　）の問題とよばれる。

（2013　東京学芸大学大学院）

(2) 重回帰分析について，以下の用語を全て使用して説明しなさい。なお，解答にあたっては，文章中で用いた用語に必ず下線を引くこと。

　説明に使用すべき用語：独立変数（説明変数），従属変数（目的変数），多重共線性，標準偏回帰係数，重相関係数，決定係数

（2012　早稲田大学大学院）

解　説

（2）多重共線性や標準偏回帰係数，重相関係数といった用語の使用が義務づけられていることから，単に重回帰分析を説明するだけでなく，注意点や，分析の活用法まで含めて詳細に論述しておきたい。

解　答

（1）多重共線性

（2）重回帰分析とは，複数の独立変数（説明変数）から従属変数（目的変数）を予測するための，重回帰式の作成を目的とした分析である。予測の精度は，従属変数の実測値と予測値の相関係数である重相関係数や，重相関係数の2乗である決定係数を用いて検討される。重相関係数や決定係数が1に近いほど，予測の精度は高いといえる。

　また，重回帰分析によって算出された標準偏回帰係数を用いて，各独立変数の，従属変数への影響力を比較することが可能である。しかし，独立変数間に強い相関がみられる場合，多重共線性の問題から，標準偏回帰係数に異常が生じる。重回帰分析においては，独立変数間の相関が強くならないよう，独立変数を選定することが望ましい。

153

例題11 解答・解説

解答例

① ア 3 　 イ －0.5 　 ウ 50

② 重回帰分析

③ 気温と湿度の間に強い相関が予想されるため，多重共線性のおそれがあり，偏回帰係数が異常を示している可能性がある。気温と湿度のいずれかを削除するか，気温・湿度の合成変数を用いることによって，多重共線性を回避することが求められる。

解　説

① $y=a_1 \cdot x_1+a_2 \cdot x_2+b$ にそれぞれ値を代入し，連立方程式を解く。方程式の計算手順は以下の通り（本解説では見やすさのために右辺と左辺を逆転させて，$a_1 \cdot x_1+a_2 \cdot x_2+b=y$ としてから代入することにする）。

気温30度，湿度60％なら110本　→ $30a_1+60a_2+b=110$　…①
気温20度，湿度40％なら 90本　→ $20a_1+40a_2+b=90$ 　…②
気温35度，湿度50％なら130本　→ $35a_1+50a_2+b=130$　…③

①－②　　$10a_1+20a_2=20$　…④
①－③　　$-5a_1+10a_2=-20$　…⑤
④－⑤×2　$20a_1=60 \to a_1=3$
$a_1=3$ を④に代入　$10 \times 3+20a_2=20 \to 20a_2=-10 \to a_2=-0.5$
$a_1=3$，$a_2=-0.5$ を①に代入
$$30 \times 3+60 \times(-0.5)+b=110 \to b=50$$

② 複数の独立変数から従属変数を予測するので，重回帰分析。①のように，温度と湿度からなる売れ行き予測の重回帰式（回帰方程式）を作ることができれば，さまざまな温度・湿度から売れ行きを予測することが可能となる。

③ 重回帰分析における問題点として最も注意すべきことが，多重共線性の問題である。そのため多重共線性は，重回帰分析と関連させて出題されることが多い。「重回帰分析の問題点」という表現を見つけたら，まず「多重共線性は？」と考えられるようにしておきたい。

154

例題12 カイ2乗検定

【問】（1）以下の表は，ドイツの精神医学者クレッチマーによる精神異常と体格の関係を示したものである。以下の空欄（A）〜（D）に適切な用語，数値を入れなさい。ただし割合は小数点第2位を四捨五入しなさい。

表　クレッチマーによる精神異常と体格の比率（Kretschmer, 1955）

精神異常＼体格	肥満型 度数	肥満型 割合	細長型 度数	細長型 割合	（ A ）型 度数	（ A ）型 割合	その他 度数	その他 割合
躁うつ病（1361例）	879	64.6%	262	19.2%	91	6.7%	129	9.5%
分裂病（5233例）	717	13.7%	2632	50.3%	884	16.9%	1000	19.1%
（ B ）（1505例）	83	5.5%	378	25.1%	（ C ）	（ D ）	609	40.5%

（2）以下の空欄（E）〜（H）に適切な用語・数値を入れなさい。ただし（F）は小数点第2位を四捨五入しなさい。

　クレッチマーによる精神異常と体格の比率に関して，観測された度数に統計的な偏りが見られるか検定するために，（ E ）検定を用いる。この検定では，観測された度数の他に，期待される度数（期待度数）を算出する。期待度数は，該当するデータの2つの周辺度数をかけて，全体度数で割った値で算出される。そのため，肥満型の体型をした躁うつ病患者として期待される人数は（ F ）となる。分析の結果，観測された度数に1％の有意水準で統計的な偏りが見られることが示された。さらに残差分析を行った結果，4つのデータで期待される人数よりも有意に上回っていることが示された。その4つのデータとは，肥満型の体型をした躁うつ病患者，細長型の体型をした分裂病患者，（ A ）型の体型をした（ B ）患者，（ G ）の体型をした（ H ）患者であった。

（2013　東京成徳大学大学院）

例題12の攻略ポイント

- カイ2乗検定など，度数の分析に関する理解を問う出題。
- 表と文章に圧倒されるが，計算が必要な部分は少ない。表や文章の読み取り，そして心理学の知識で，多くの空欄は埋められる。

用語解説は次ページから　　解答例はp.166

例題12 カイ2乗検定 ▶▶▶ 難易度 ★★☆

24 カイ2乗検定

chi-square test

学習のポイント
□ 度数の分析といえば，まずカイ2乗検定。
□ 大学院入試では手計算が求められることもある。がんばろう！

About this word

ここまで紹介してきた多くの分析は，さまざまな「得点」を扱ってきました。しかし「得点」ではなく，**「度数」**を扱う分析が存在します。その代表的な方法が，**カイ2乗検定（χ^2検定）**です。

■ ノンパラメトリック検定

母集団の分布に関する仮定をもたない検定を**ノンパラメトリック検定**，母集団を正規分布と仮定するなど，母集団の分布に仮定をもつ検定を**パラメトリック検定**とよびます。主にノンパラメトリック検定は，度数や順位の分析に用いられます。これから紹介するカイ2乗検定は，そんなノンパラメトリック検定の代表例です。

2つを整理するとこのとおり！

	パラメトリック検定	ノンパラメトリック検定
母集団分布	仮定する	仮定しない
分析対象	得点	度数、順位
主な分析	t検定、分散分析	カイ2乗検定

で、今回扱うのはコレだね！

図1

■ カイ2乗検定とは

たとえば，ある小学校の小学生150人に，主な筆記具として鉛筆かシャープペンか，どちらを使っているか尋ね，低学年・中学年・高学年と分けて人数（度数）を集計したところ，表1の結果が得られたとします。

この表から「低学年は鉛筆を使う子が多い」「高学年はシャープペンを使う子が多い」などの，

鉛筆　シャープペン

図2

人数の偏りが予想されます。このような状況で，統計的に人数の偏りがあるか否かを検定する手法が，**カイ2乗検定**です。

表1　小学生150名の主な筆記用具

主な筆記具	低学年	中学年	高学年	合計
シャープペン	10	15	35	60
鉛筆	40	25	25	90
合計	50	40	60	150

　カイ2乗検定の計算処理は決して簡単ではありませんが，複雑すぎるわけでもないため，**大学院入試で手計算が求められることがあります。**そこで，本項では（本書にしては珍しいですが），必要最低限の計算方法も含めて紹介していきたいと思います。

■ 期待度数の算出

　カイ2乗検定では，表1のように実際に測定された**観測度数**とよばれる値とは別に，全体の度数の比率に基づいて算出された**期待度数**という値を求めます。具体的には，下の表2-1のア〜カの期待度数がいくつになるかを求めます。なお，アに対する50や60のことを**周辺度数**といいます（エの周辺度数は40と90になるといった具合です）。

表2-1　期待度数はいくつになるか？

主な筆記具	低学年	中学年	高学年	合計
シャープペン	ア ?	ウ ?	オ ?	60
鉛筆	イ ?	エ ?	カ ?	90
合計	50	40	60	150

　では，期待度数の算出を行いましょう。生徒の合計を見ると，150人中60人がシャープペンを使っています。もし，どの学年もまったく人数の偏りがなかったならば，どの学年も全体の60/150（＝2/5）がシャープペンを使っていると「期待」できます。そこで，図3のようにア・ウ・オの期待度数を求める

150人中60人がシャープペン
→ 全体の $\frac{60}{150}\left(=\frac{2}{5}\right)$ がシャープペン

どの学年も，全体の $\frac{60}{150}$ がシャープペンなら…？

ア… $50 \times \frac{60}{150} = 50 \times \frac{2}{5} = 20$ 人

ウ… $40 \times \frac{60}{150} = 16$ 人

オ… $60 \times \frac{60}{150} = 24$ 人

図3

ことができます。

ここで，期待度数を求める式にもう一度注目しましょう。アを求める式は，図4のように変換することができます。つまりアの期待度数は，アの周辺度数をかけた値を，全体の度数で割り算した値と考えられます。

よって，他の期待度数も同様に，周辺度数をかけ算して全体の度数で割ることで求めることができます[1]。たとえばイならば，50×90÷150で求めることができます。

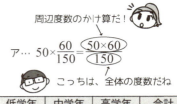

図4

表2-2 算出された期待度数

主な筆記具	低学年	中学年	高学年	合計
シャープペン	ア 20	ウ 16	オ 24	60
鉛筆	イ 30	エ 24	カ 36	90
合計	50	40	60	150

結果，表2-2のように期待度数がすべて算出されました。期待度数では，**シャープペンと鉛筆の使用者の比率がすべて等しくなっています。**

■ 残差とカイ2乗値の算出

観測度数と期待度数を，表3のように並べてみます。すると，低学年や高学年では，観測度数と期待度数の差（**残差**）が大きいことがわかります。

表3 観測度数と期待度数（カッコ内が期待度数）

主な筆記具	低学年	中学年	高学年	合計
シャープペン	10（20）	15（16）	35（24）	60
鉛筆	40（30）	25（24）	25（36）	90
合計	50	40	60	150

ではこの残差が統計的に認められるか，検定していきましょう。カイ2乗検定も統計的仮説検定の1つなので，基本的な流れは同じです。p.92「14 統計的仮説検定」も参照してください。

---

1 この方法を使うことで，例題12のFを求めることができます。

今回は，帰無仮説を「有意な残差はない」，対立仮説を「有意な残差がある」と設定し，有意水準は1%とします。帰無仮説を棄却するか否かの判断には χ^2 値（**カイ2乗値**）とよばれる値を用い，実際に算出すると16.8となりました。有意な残差がない状態（帰無仮説）で，この χ^2 値16.8が生じる確率は0.02%[2] と有意水準1%以下であるため，帰無仮説を棄却し，対立仮説を採用します。よって，表3には有意な残差があることが示されました。

あとはお決まりの帰無仮説を棄却するかしないか

このあたりは他の検定と一緒だ！

ただし有意な残差が，表のどの部分にあるかはまだ判明していません。そこでカイ2乗検定では，帰無仮説が棄却された場合，**残差分析**という分析を行い，どの部分に有意な残差があったのかを判定します[3]。残差分析の結果，低学年と高学年の観測度数と期待度数に有意な残差が確認されました。これでカイ2乗検定は終了です。

MORE!!

χ^2 値も，大学院によっては試験で手計算を求められることがあります。手順は以下の通りです。
① 残差（観測度数—期待度数）を求める。
② すべての残差を2乗し，期待度数で割る。
③ ②をすべて合計する。

本項の主な筆記具の例の場合，χ^2 値は，
$(10-20)^2 \div 20 + (15-16)^2 \div 16 + (35-24)^2 \div 24 + (40-30)^2 \div 30 + (25-24)^2 \div 24 + (25-36)^2 \div 36 \fallingdotseq 16.8$

MORE!!

カイ2乗検定は，実は3種類の検定があります。計算方法はどれも同じですが，それぞれ目的が異なります。
① 適合度の検定…1種の観測度数と期待度数の適合度を検定する。
② 独立性の検定…2種の質的変数に連関があるか否かを検定する。**連関**とは質的変数どうしの関連の強さのこと。
③ 比率の等質性の検定…2種の観測度数の分布比率が同じか検定する。本項は，この検定を軸に説明している。

カイ2乗検定 まとめ

■ カイ2乗検定は，統計的に度数の偏りが認められるか検定する。
■ 周辺度数の積を全体度数で割った，期待度数を分析に用いる。
■ 基本的な流れは，他の統計的仮説検定と同じ。

---

2 この0.02%の算出は，手計算では困難であるため，統計ソフトが必要です。
3 このあたりは，分散分析の多重比較と似ていますね。

例題12 カイ2乗検定 ▶▶▶ 難易度 ★★☆

25 自由度

degrees of freedom

学習のポイント
□ 計算問題で出題される可能性あり。ただし，複雑な計算ではない。
□ これまでの統計的仮説検定を復習しながら，理解を進めよう。

About this word

最後の統計キーワードとして「自由度」を扱います。**自由度**は「ある統計量において，自由に変わりうる要素の数」と定義されています。

右図の例のように，平均が20になるよう自由に6つの数を決めるとき，**6つのうち5つは自由**に決められますが，最後の1つは平均が20になるように計算して調整しなければいけません。つまり，**最後の1つは自動的に決定し「自由に決められない」**ことになります。よって，この場合の自由度は5（＝6−1）となります。

自由度の算出は，計算方法こそ検定によって違いますが，論理は常に上に述べたようなものと同じです。本項では，さまざまな検定における自由度を検討しながら，これまでの復習を行いたいと思います。

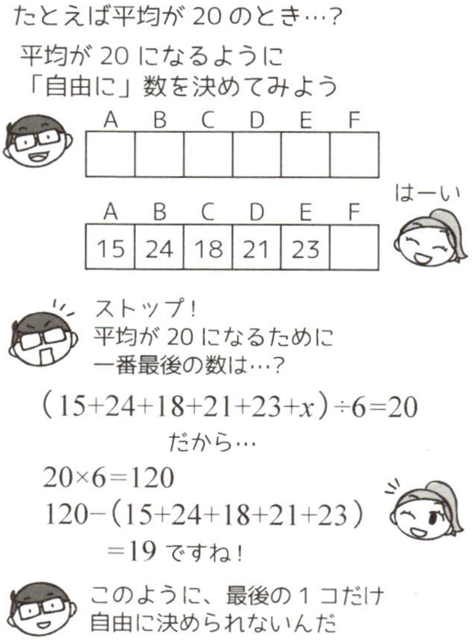

たとえば平均が20のとき…？

平均が20になるように
「自由に」数を決めてみよう

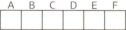

A	B	C	D	E	F

A	B	C	D	E	F
15	24	18	21	23	

ストップ！
平均が20になるために
一番最後の数は…？

$(15+24+18+21+23+x)÷6=20$
だから…
$20×6=120$
$120−(15+24+18+21+23)$
$=19$ですね！

このように、最後の1コだけ
自由に決められないんだ

図1

■ 対応のない t 検定の自由度

> あるクラスの男子6名の平均点は50点で，女子6名の平均点は60点である。この男子6名と女子6名の平均点に有意差があるか検討した。
>
> | 男子 | 40 | 60 | 55 | 45 | 70 | 30 | 平均 | 50 |
> |------|----|----|----|----|----|----|------|----|
> | 女子 | 60 | 70 | 40 | 80 | 50 | 60 | 平均 | 60 |

男子の平均が50点，女子の平均が60点になるよう，各6名の値を自由に決められる場合を考えます。仮に以下のように決めたとしましょう[4]。

男子	$50^?$	$40^?$	$50^?$	$70^?$	$40^?$	★	平均	50
女子	$60^?$	$90^?$	$40^?$	$60^?$	$70^?$	☆	平均	60

　このように，**男子の5人目までは自由**に決められますが，男子の6人目（★印）は，平均点が50点になるよう調整せねばならず，自由に決められません。今回の場合，$50 \times 6 - (50 + 40 + 50 + 70 + 40)$ となり，★印は自動的に50と決定します。**女子も同様に5人目までは自由**ですが，6人目（☆印）は自由に決められず，☆印は自動的に40と決定します。よって男女ともに1つずつ自由に決められないため，今回の自由度は 10（＝12−2）となります。

　対応のない t 検定の自由度を公式化すると，N を標本の大きさの合計とした時，$N-2$ となります。

■ 対応のある t 検定の自由度

> ある男子6名の，映画視聴前と視聴後の外向性得点は以下の通りである。この得点差が有意差といえるかどうか，対応のある t 検定で検討した。
>
> | | A | B | C | D | E | F | | 全体 |
> |------|----|----|----|----|----|----|------|----|
> | 視聴前 | 30 | 20 | 20 | 25 | 35 | 20 | 平均 | 25 |
> | 視聴後 | 35 | 25 | 30 | 20 | 35 | 35 | 平均 | 30 |
> | 差得点 | +5 | +5 | +10 | -5 | 0 | +15 | 平均 | +5 |

　対応のある t 検定の場合，**対応するデータどうしの差得点を分析対象**として用います。そのため，自由度の算出においても，どれだけの差得点を自由に決めら

---

4 この項における「斜体＋クエスチョンマーク」で示されている数字は，すべて「自由に決めた値」とします。

161

れるかを考えます。

	A	B	C	D	E	F		全体
差得点	$+10^?$	$+25^?$	$-20^?$	$-25^?$	$+20^?$	★	平均	$+5$

上記のように**A〜Eまでの差得点は自由**に決められますが，Fの値（★印）は差得点の平均を+5にするために，調整しなければなりません。今回の場合，計算するとFの値は -5 に自動的に決定されます。そのため，この検定における自由度は 5（=6−1）です。

対応のあるt検定の自由度を公式化すると，nを標本の大きさとした時，$n-1$ となります。

■ 分散分析の自由度

> ある教授法Aと教授法Bと統制群に6名ずつ割りふり，テストの平均点に有意差があるか，分散分析で検定した。
>
> | 教授法A | 70 | 50 | 80 | 70 | 90 | 60 | 平均 | 70 |
> |---|---|---|---|---|---|---|---|---|
> | 教授法B | 50 | 70 | 40 | 50 | 30 | 60 | 平均 | 50 |
> | 統制群 | 70 | 60 | 80 | 50 | 60 | 40 | 平均 | 60 |
> | | | | | | | | 全体平均 | 60 |

分散分析の場合，**群内自由度**と**群間自由度**の2つを求めます。群内自由度は，これまで考えてきた自由度とほぼ同じです。

教授法A	$40^?$	$90^?$	$60^?$	$100^?$	$50^?$	★	平均	70
教授法B	$80^?$	$20^?$	$70^?$	$40^?$	$50^?$	★	平均	50
統制群	$80^?$	$70^?$	$20^?$	$60^?$	$50^?$	★	平均	60

上記のように，**各群1名ずつ自由に決めることができない**ため，今回の群内自由度は 15（=18−3）です。群内自由度を公式化すると，標本の大きさの合計をN，群の数をaとした時，$N-a$ となります。

群間自由度とは，各群を1つのまとまりとして考え，群と群の間で検討した時の自由度です。今回の場合，以下の左の表の空欄を自由に設定できる場合を考えます。

教授法A	平均	?
教授法B	平均	?
統制群	平均	?
全体平均		60

→

教授法A	平均	$30^?$
教授法B	平均	$70^?$
統制群	平均	★
全体平均		60

右の表で，統制群の平均値（★印）が自動的に決定されてしまうように，**1つの群の平均値だけ自由に決めることができない**ため，群間自由度は 2（＝3－1）となります。

　群間自由度を公式化すると，群の数を a とした時，$a-1$ となります。

■ カイ2乗検定における自由度

　最後に，カイ2乗検定における自由度を紹介します。前項の「主な筆記具」について，ア〜カに自由に人数を入れられるとします。

主な筆記具	低学年	中学年	高学年	合計
シャープペン	ア ？	ウ ？	オ ？	60
鉛筆	イ ？	エ ？	カ ？	90
合計	50	40	60	150

　試しにアに30，ウに20と人数を入れてみましょう。すると，残りの人数はすべて自動的に決定されてしまうはずです。よって今回の場合，自由度は 2 です。

　カイ2乗検定の自由度を公式化すると，行数を a，列数を b とした場合，$(a-1) \times (b-1)$ となります。

MORE!!

　本項では「何のために自由度を求めるのか？」という話題にあえて触れずに進めています。理由は「自由度を使う目的を問う入試問題は少ない」が「自由度を求めさせる入試問題は，少なからず存在する」からです。

　ただし「自由度を使う目的」が気になる人もいるでしょう。理由を簡潔に紹介すると，「標本から母集団を推測する際，標本の大きさ n を使うより，自由度の値を使う方が，より適切な推測になるから」です。不偏分散を求める際に，$n-1$ で割り算するのもそのためです。では「なぜ自由度の方が，適切な推測になるのか？」…疑問はつきませんね。より深い統計の話題になります。興味がある人は，ぜひ調べてみてください。

自由度 まとめ

■ 自由度とは，自由に変わりうる要素の数のこと。
■ 分析によって自由度の求め方はそれぞれ異なるが，考え方は同じ。

確認問題 12

(1) 次の表は，ある意見に対する賛否について男女別に度数を調査し，集計したものである。（　）内は期待度数を表すものとして，次の問いに答えなさい。

	賛成	反対	合計
男子	72（ウ）	イ（エ）	90
女子	ア（20）	22（オ）	30
合計	80	40	120

① ア・イにあてはまる観測度数を答えなさい。

② ウ・エ・オにあてはまる期待度数を答えなさい。

③ 賛否の比率に男女差があるか検討したい。この時，最もふさわしい分析名を答えなさい。

④ ③の分析を行うにあたり自由度がいくつか答えなさい。

(2) 一元配置分散分析では，3群間以上の平均の差を検定することができる。たとえば，4群で合計42例のケースでは，群間自由度（　①　），群内自由度（　②　）のF値をみる。あてはまる数を答えなさい。

（2013　桜美林大学大学院）

解　説

(1)① ア…$80-72=8$（$30-22=8$）　　イ…$90-72=18$（$40-22=18$）

　　② ウ…$80×90÷120=60$（$80-20=60$ でもよい）

　　　　エ…$90×40÷120=30$　　　オ…$30×40÷120=10$

　　④ 行数2・列数2なので $(2-1)×(2-1)=1$

(2)① 群間自由度は$a-1$。群の数$a=4$ より，$4-1=3$。

　　② 群内自由度は$N-a$。標本合計$N=42$ より，$42-4=38$。

解　答

(1)① ア　8　　イ　18　　② ウ　60　　エ　30　　オ　10

　　③ カイ2乗検定　　④ 1

(2)① 3　　② 38

応用問題 3

次の表は，ある意見に対する賛否について男女別に度数を調査し，集計したものである。（　　）内は期待度数を表すものとして，次の問いに答えなさい。

	賛成	反対	合計
男子	72 (60)	18 (30)	90
女子	8 (20)	22 (10)	30
合計	80	40	120

(1) χ^2 値を算出しなさい。

(2) 右表を元に，有意水準1%で性差と意見の賛否に連関があるか検定し，結果を解釈しなさい。

χ^2 値の表

df	5%	1%
1	3.84	6.64
2	5.99	9.21
3	7.82	11.34
4	9.49	13.28
5	11.07	15.09
6	12.59	16.81
7	14.07	18.48
8	15.51	20.09
9	16.92	21.67
10	18.31	23.21
11	19.68	24.72
12	21.03	26.22
13	22.36	27.69
14	23.68	29.14
15	25.00	30.58
16	26.3	32.00
17	27.59	33.41
18	28.87	34.80
19	30.14	36.19
20	31.41	37.57
21	32.67	38.93
22	33.92	40.29
23	35.17	41.64
24	36.42	42.98
25	37.65	44.31

解　説

(1) $(72-60)^2 \div 60 + (18-30)^2 \div 30$

$+ (8-20)^2 \div 20 + (22-10)^2 \div 10$

$= 2.4 + 4.8 + 7.2 + 14.4 = 28.8$

(2) カイ2乗検定のうちの，独立性の検定を実施する。表は，χ^2 値と有意水準の対応表であり，df は自由度を表す。有意水準と自由度に対応した値（臨界値）よりも算出された χ^2 値が高ければ，帰無仮説を棄却することができる。

解答例

(1) $\chi^2 = \underline{28.8}$

(2) 自由度は，$\underline{(2-1) \times (2-1) = 1}$。表より，有意水準1%で自由度1のとき，$\chi^2$ 値が $\underline{6.64}$ 以上の場合，連関がないという帰無仮説は棄却される。$\chi^2 = \underline{28.8}$ より帰無仮説は棄却され，性差と意見の賛否という2要因に連関があることが示された。男子は意見に賛成しやすく，女子は反対しやすいと考えられる。

例題12 解答・解説

解答例

（1）A　闘士　　B　てんかん　　C　435　　D　28.9%
（2）E　カイ2乗（χ^2）　　F　282.1　　G　その他　　H　てんかん

解　説

例題12について，度数のみを整理しなおすと，以下の表となる。

	肥満型	細長型	（闘士型）	その他	合計
躁うつ病	879	262	91	129	1361
分裂病	717	2632	884	1000	5233
（てんかん）	83	378	（435）	609	1505
合計	（1679）	（3272）	（1410）	（1738）	（8099）

（　　　）内の用語や数値は，例題12の元データに直接示されていないものを表す。

（1）　AとBは，心理統計の問題というより，性格心理学の問題である。クレッチマーの体型をもとに分類した性格類型論を確認しておこう。
C は，1505−（83＋378＋609）で求められる。
D は，100%−（5.5%＋25.1%＋40.5%）で求められる（なお，D を 435÷1505×100 で求めてもよい）。

（2）　F が本問で一番の難関となる。肥満型の躁うつ病患者の周辺度数は，上の表によると 1679 と 1361 となる。また全体度数は 8099 となる。よって，期待度数は 1679×1361÷8099＝282.14…　→　282.1

　　　正直，かなり計算が大変だ。その上，時間をかけた挙句に計算ミスで失点となっては，かけた時間がさらに無駄になってしまう。状況をよく考えて，挑戦するか判断したい。

　　　GとHについて，本文中に有意と示されているデータは，肥満型の躁うつ病（64.6%），細長型の分裂病（50.3%），闘士型のてんかん（28.9%）と，いずれも高い割合という共通点がある。よって，残されたデータで高い割合である「その他のてんかん（40.5%）」と判断できる。

総合問題

　最後に，複数の分野・内容にまたがる問題を出題します。ここまで学んださまざまな心理統計・研究法の各用語を，相互に関連づけることを目標に，ぜひ問題に取り組み，じっくり解説を読んでみてください。

(1) 次のような目的で統計処理を行う場合，最も適切と思われる方法を下記から選び，記号を解答欄に記入しなさい。

1. 分散が等しい2つの平均値の差を比較したい。
2. 分散が等しい3つの平均値の差を比較したい。
3. 男女それぞれの賛成者数，反対者数に差があるか比較したい。
4. ある学校の生徒たちの国語の点数と数学の点数に関連があるか調べたい。
5. 気温と湿度がどの程度アイスクリームの売り上げに影響するかを調べたい。

ア	因子分析	**イ**	クラスター分析	**ウ**	分散分析	**エ**	t検定
オ	カイ2乗検定	**カ**	単回帰分析	**キ**	重回帰分析	**ク**	最頻値
ケ	相関	**コ**	行動分析				

(2013　新潟青陵大学大学院)

解　説

　「どんな時に，どんな統計手法を用いるか」を問う，非常に重要な問題だ。ぜひ全問正解できるようにしておきたい。1・2について，2群の平均値の差といえば*t検定*，3群以上の時は分散分析。3について，度数（人数）の分析といえばまずカイ2乗検定を考えよう。4について，2つの変数の関連性といえば相関係数。5について，売り上げを予測し，気温と湿度の影響力を比較するといえば重回帰分析だ。

解　答

　1. エ　2. ウ　3. オ　4. ケ　5. キ

(2) 次の変数は，4つの尺度水準のどれに相当するか，答えなさい。

① 質量　　② 性差　　③ 段位　　④ 相関係数

解　説

尺度水準の分類基準は以下の通り。

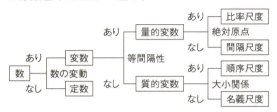

① 質量は，等間隔性が確保されており，0gが絶対原点であるため，<u>比率尺度</u>と考えられる。

② 性差について，男性を0，女性を1として考えても，男性を250，女性を150として考えても，その数の大小関係になんら意味は存在しない。よって，性差は<u>名義尺度</u>と考えられる。

③ 各段位の間隔が等しい保証はないため，等間隔性はない。ただし大小関係は存在するため，段位は<u>順序尺度</u>と考えられる（2段よりも初段の方が実力をもっている場合がある…ということを加味していけば，<u>名義尺度</u>となる）。

④ 相関係数（r）を2乗したものを決定係数（r^2），さらに決定係数を％表記にしたものを説明率（R^2）という（p.75参照）。このとき説明率は，下図のように等間隔性が保証されている。さらに0％は絶対原点でもあるため，<u>比率尺度</u>である。
ここで相関係数（r）を説明率と対応させる。すると，下図のrの0.5と0.6の間隔が，0.9と1.0の間隔と等しくないように，等間隔性が保証されていないことがわかる。そのため相関係数rは，大小関係のみをもつ<u>順序尺度</u>と判断される。

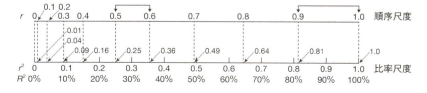

解 答

① 比率尺度　② 名義尺度　③ 順序尺度　④ 順序尺度

(3) 次の文章で，適切なものには○を，誤りがあるものには×を，それぞれつけなさい。

1	（　　）	t検定で帰無仮説が棄却されなかった場合，平均値が等しいことを意味する。
2	（　　）	有意水準を低い値にすることで，検定力は低下する。
3	（　　）	片側検定よりも両側検定の方が，帰無仮説は棄却されやすい。
4	（　　）	名義尺度と名義尺度との間に連関があるかどうかを調べるためには，カイ2乗検定を用いる。
5	（　　）	対応のあるt検定において，2群のデータ数は同じとは限らない。
6	（　　）	3 (a) × 3 (b) の分散分析の場合，要因数は3で，aの水準数も3である。
7	（　　）	分散分析は，独立変数が質的変数，従属変数が量的変数である。
8	（　　）	因子分析において，バリマックス回転を行った場合，因子間の相関関係があってもかまわない。

解 説

1. 統計的仮説検定は，帰無仮説を棄却することによってのみ明確な結論が述べられる検定方法である。帰無仮説が棄却できなかった場合は「失敗」に相当し，「平均値が等しい」などの明確な結論は述べられない。**等しいかもしれないし，等しくないかもしれない**のだ。よって，1は誤り。

　　なお帰無仮説が棄却できなかった場合「**有意差が認められなかった**」と表現することが多い。これは，今回は認められなかったが，より適

切な標本データを用いることで認められるかもしれない…という意味を含む。間違っても「有意差が認められない＝差はない＝平均値は等しい」と解釈してはならない。詳細は p.95 を参照。

2. 有意水準を低い値にすると，「帰無仮説を棄却しない」という判断に至りやすい。たとえば，帰無仮説の事象が起こる確率が 3％だった場合，有意水準 5％ならば帰無仮説を棄却するが，有意水準 1％や 0.1％ならば，帰無仮説を棄却しない判断となる。

　　　この時，有意水準を 0.1％や 0.01％などの極端に低い値に設定すると，多くの帰無仮説を「棄却しない」という判断にしてしまい，**本来棄却すべき偽の帰無仮説ですらも「棄却しない」という判断になってしまうリスク**（第 2 種の誤り）が高まる。そして，これは**偽である帰無仮説を適切に棄却する**検出力の低下を意味する。よって 2 は適切となる。詳細は p.97 を参照。

3. たとえば有意水準 5％で両側検定を実施した場合，有意水準を 2.5％ずつに分けて検定を行うことになる。片側検定の場合はこのような有意水準の分割を行わない。そのため，仮に有意水準を 5％と設定した場合，両側検定は事実上 2.5％で，片側検定は 5％で帰無仮説を棄却するか否かの判断を行うことになる。結果として，**片側検定よりも両側検定の方が低い有意水準を用いるため，帰無仮説は棄却されにくくなる**。3 の文章は誤りとなる。詳細は p.99 を参照。

4. 名義尺度の度数の分析といえば，まずカイ 2 乗検定を思い浮かべたい。さらにカイ 2 乗検定には 3 種類あり（p.159 参照），そのうちの 1 つに独立性の検定がある。これは，**質的変数間の関係性**である連関の有無を調べる検定である。よって，4 の文章は適切。

　　　なお，本書では詳しく紹介できなかったが，量的変数の関連である相関の数量化に相関係数を用いることに対し，質的変数の関連である連関の数量化には，クラメールの連関係数という値を用いる。参考までに。

5. 対応するデータの組を作ることができる場合，対応のある t 検定を行う。しかし，**2 群のデータ数が同じでない場合，下の例のように対応する組を作れない場合が生じる**ため，対応のある t 検定を行うことができない。よって 5 の文章は誤り。t 検定の対応のあるなしに関する詳細は p.107 を参照。

| 群1 | 8名 | A_1 | B_1 | C_1 | D_1 | E_1 | F_1 | G_1 | H_1 |
| 群2 | 5名 | A_2 | B_2 | C_2 | D_2 | E_2 | － | － | － |

F，G，H に対応する人がいない！

6. 「**3（a）×3（b）の分散分析**」と
いったような記述は論文や問題
でも見られるので，ぜひ対応し
ておきたい。この表記の場合，
右表のように，要因が<u>aとbの</u>
<u>2要因</u>であることを，そして水
準が<u>aもbも3水準</u>であること
を表している。よって6の文章
は<u>誤り</u>。要因や水準に関する詳細は p.118。

3（a）× 3（b）		要因b		
		水準1	水準2	水準3
要因a	水準1	ア	イ	ウ
	水準2	エ	オ	カ
	水準3	キ	ク	ケ

※ア〜ケの9つの平均値を比較

　仮に「**2（a）×3（b）× 2（c）の分散分析**」といった記述の場合，要因
が<u>aとbとcの3要因</u>，水準はaが<u>2水準</u>，bが<u>3水準</u>，cが<u>2水準</u>で
あることを表している。

7. たとえば p.118 の図5では，学習法と性差を**独立変数**として被調査者
を区分し，**従属変数**として学力テスト得点を測定することで，その差
異を検討している。この時「学習法1か2か」ということや，「男性か
女性か」ということは，区分のみを表す<u>名義尺度</u>にすぎない。このように，
分散分析の独立変数は<u>質的変数</u>であると考えられる。

　対して，従属変数である学力テスト得点は，学力を数量化したもの
であり<u>量的変数</u>と考えられる（0点を「学力なし」と見なすかは議論の
余地があるが，見なすならば<u>比例尺度</u>，見なさないならば<u>間隔尺度</u>だ
ろう）。このように，分散分析は独立変数が<u>質的変数</u>，従属変数が<u>量的</u>
<u>変数</u>であり，7の文章は<u>適切</u>となる。

8. バリマックス回転は，因子分析における<u>直交回転</u>の代表的な手法で，
<u>因子間相関を認めない</u>形で因子軸の回転を行っている。よって，8の文
章は<u>誤り</u>となる。

　なお，かつて因子回転はバリマックス回転が主流であった。しかし
現在では，因子構造をより<u>単純構造</u>に近づけるために，<u>プロマックス</u>
<u>回転</u>など<u>斜交回転</u>も積極的に使われるようになってきている。直交回
転だけでなく，斜交回転もその特徴をしっかりおさえておこう。因子
軸の回転に関する詳細は p.138 を参照。

解　答

1	×	2	○	3	×	4	○
5	×	6	×	7	○	8	×

付録　心理統計・研究法用語　定義リスト

　本書の索引も兼ねて，心理統計・研究法に関する用語の定義をまとめました。とくに優先度★★★以上は，すべて定義が述べられる状態にしておきたいです。ぜひ，心理統計・研究法の学習に役立ててください。

＜優先度の目安＞

★☆☆	心理統計・研究法で「得点を稼ぎたい」人にとって必要な用語。
★★☆	難度高めの問題が出題される大学院を受験する人にとって必要な用語。
★★★	心理統計・研究法が出題される大学院を受験する人にとって必要な用語。
★★★★	試験における失点が不合格に直結する可能性があるほど重要な用語。
★★★★★	心理統計が出題されない大学院を受験する人であっても，理解しておくべき重要用語。

	優先度	統計・研究法用語	統計・研究法用語の定義
	ページ	英語表記	
あ	★★★★	α係数	すべての折半パターンの相関係数を算出し，その平均値を求めた値。内的整合性に基づく信頼性の指標。
	p.39	coefficient alpha	
い	★★★★	因果関係	明確な「原因と結果」が存在する共変関係のこと。
	p.72	causality, causation	
	★★★	因子	測定変数の変動に影響を与えていると想定される，潜在的な変数。
	p.132	factor	
	★★★	因子軸の回転	因子負荷量を単純構造に近づけるために，因子軸を回転させること。直交回転と斜交回転の2種類がある。
	p.138	factor rotation	
	★☆☆	因子妥当性	構成概念妥当性を，因子分析によって因子構造を確かめることで検討するもの。
	p.43	factorial validity	
	★★★★	因子負荷量	因子が測定変数に影響を与えている程度を表す値。−1〜＋1までを示し，±1に近いほど影響が強い。
	p.134, 138	factor loading	
	★★★★★	因子分析	複数の測定変数の背後に共通して存在する少数の因子を発見することを目的とした，多変量解析の手法の1つ。
	p.132	factor analysis	
え	★★★	SD法	「明るい─暗い」などの一対の形容詞を用意し，どちらに近いかを5件法や7件法などで評定させる方法。
	p.22	semantic differential method	
	★★☆	F値	分散分析において，帰無仮説を棄却するか否かの判断に用いられる検定統計量。
	p.108	F-value	

お	★★★★★	横断研究	異なる年齢集団を一度に用意し，その集団間の差異から発達的変化を検討する手法。
	p.30	cross sectional study	
か	★★★	回帰係数	回帰分析において，独立変数が従属変数に与える影響の大きさを表す値。
	p.145	regression coefficient	
	★★★★	回帰分析	独立変数の値から，従属変数の値を予測する際に用いられる分析。
	p.144	regression analysis	
	★★☆	階級	度数分布表やヒストグラムを作成する際，度数をグループ化していく得点の範囲。級間ともよぶ。
	p.50	class interval	
	★★★★	外的妥当性	結果を一般化する適切さの程度。無作為抽出の実現によって確保される。
	p.84	external validity	
	★★★★★	カイ2乗検定	度数の分布において，統計的に偏りがあるか否かを検定する手法。
	p.156	chi-square test	
	★★☆	χ^2 値	カイ2乗検定において，帰無仮説を棄却するか否かの判断に用いられる検定統計量。
	p.159	chi-square value	
	★★☆	カウンターバランス	均衡化によって条件を統制すること。男女比を等しくする，A→BとB→Aという両方の順序を用意するなど。
	—	counter balance	
	★☆☆	確率密度関数	事柄の高低と起こる確率の関数関係，およびある区間で囲まれた面積が，その区間の確率を表すグラフのこと。
	—	probability density function	
	★★☆	片側検定	統計的仮説検定において，棄却域を分布の片端のみに設定する検定。
	p.99	one-tailed test	
	★★★	合併効果	2群を合併させることにより，本来起こりえない相関係数が算出されること。
	p.75	combination effect	
	★★★★	間隔尺度	量的変数のうち，絶対原点をもたない変数。
	p.21	interval scale	
	★★★	観察法	調査者自身が調査対象の諸要素について，直接観察して把握する手法。
	p.26	observation	
	★★☆	観測度数	主にカイ2乗検定で用いられる，実際のデータ収集で測定された度数。
	p.157	observed frequency	
き	★★☆	棄却域	帰無仮説に基づいて求めた統計量が，有意水準以下になる領域のこと。
	—	rejection region	
	★☆☆	危険率	第1種の誤りを犯す確率のこと。有意水準と等しい。
	—	level of significance	
	★★★	擬似相関	XとYに本当は相関がないにも関わらず，第3の変数Zによって「見かけ上」現れた相関のこと。
	p.73	spurious correlation	
	★★★	記述統計法	対象集団から得たデータに関する情報を直接取りまとめ，集約すること。
	p.48	descriptive statistics	
	★★★★	基準関連妥当性	理論的に関連が予測される外的基準と，どの程度関連しているか，という視点で検討された妥当性。
	p.42	criterion-related validity	
	★★☆	期待度数	主にカイ2乗検定で用いられる，全体の度数の比率に基づいて算出された度数。
	p.157	expected frequency	

	★★★★ p.94	帰無仮説 null hypothesis	棄却されることを目的に作られる仮説。主に「差がない」「偶然」といった内容が設定される。
	★★☆ —	逆転項目 reverse-scored item	類似した項目の列挙を避けるためにあえて挿入されている，本来問うべき内容と意味を逆転させた項目。
	★☆☆ —	共通性 communality	因子分析において，各測定変数の分散が，因子によって説明される割合のこと。
	★☆☆ —	共分散 covariance	対応する2組のデータの，平均からの偏差の積を平均した値。相関係数同様，2変数の関連を表す値。
	★★☆ p.150	共分散構造分析 analysis of covariance structure	予測関係のモデルを想定しその適合度を探ることを目的とした，多変量解析の手法の1つ。
	★☆☆ —	寄与率 contribution ratio	あるデータを構成する個々のデータの変化が，全体の変化にどの程度貢献しているかを示す割合。
く	★★☆ p.170	クラメールの連関係数 Cramer's measure of association	質的変数間の連関の強さを表す指標。0から1までの値を示し，1に近いほど連関が強い。
け	★★☆ p.75	決定係数 coefficient of determination	相関係数を2乗した値。独立変数が，従属変数の変動のどれくらいを説明できるかを表す値。
	★★★★ p.97	検出力 power	偽である帰無仮説を，正しく棄却する確率のこと。検定力ともいう。
	★★☆ p.136	検証的因子分析 confirmatory factor analysis	事前の知見から考えられる因子数や因子負荷量を検証的に確認していく因子分析。
こ	★★★ p.29	効果研究 psychotherapy outcome research	ある特定の心理療法の効果があるか否かを検討する研究。
	★★★★★ p.117	交互作用 interaction	要因計画法における，2つの要因を組み合わせた効果。
	★★★★ p.43	構成概念妥当性 construct validity	測定しようとする構成概念が，実際にどれくらい適切に測定されているか，という視点で検討された妥当性。
	★★☆ —	項目分析 item analysis	学力検査・知能検査・性格検査・質問紙調査などを作成する際，得た回答から各項目の良し悪しを検討すること。
	★★★★ p.81	交絡 confound	剰余変数が影響を与えているために，従属変数の変化の原因を，独立変数に求められなくなること。
	★★☆ p.105	誤差 error	偶然によって生じた差のこと。
	★★★★ p.24	個性記述的研究 idiographic study	時間の経過とともに変化する特定の個人を，ありのまま記述していくことを目的とする研究。
	★★★ p.31	コーホート cohort	ある一定期間内に出生した人の集団のこと。この集団に共通する特徴は，出生した時代の影響と考えられる。
	★★★ p.119	混合計画 mixed design	被験者内要因と被験者間要因を組み合わせた要因計画のこと。
さ	★★☆ p.145	最小二乗法 least squares method	予測値と実測値の誤差が最も小さくなるように未知数を求める方法。

★★★★	再テスト法	retest method	同じ集団に同一のテストを，一定期間を置いて２度実施し，２回の得点間の相関係数を算出する方法。
p.37			
★★★	最頻値	mode	データの中で，最も度数が多い値。代表値の１つ。
p.54			
★☆☆	最尤法	maximum likelihood estimation	さいゆうほう。実際に得た標本について，その標本を得られる確率が最大となるように，母集団の値を推定する手法。
p.138			
★★☆	残差	residual	誤差の推定量のこと。回帰分析なら，実測値と予測値の差。カイ２乗なら，観測度数と期待度数の差。
p.145, 158			
★★☆	残差分析	residual analysis	カイ２乗検定で帰無仮説が棄却された後に行われる，有意差の数と場所を特定するための事後検定。
p.159			
★★☆	散布図	scatter plot	個々の得点をＸＹ平面上に配置した図のこと。
p.69			
★★☆	散布度	measure of dispersion	データの散らばりを表す値。分散や標準偏差，四分位偏差などがあげられる。
p.58			
★★☆	参与観察	participant observation	観察対象に直接関わりながら観察する手法。観察対象との関わりによる行動の変化に注意。
—			
★★☆	G-P分析	good-poor analysis	被調査者を合計得点の上位群と下位群に分け，２群を比較検討することで，識別力を判断する方法。
—			
★★☆	識別力	item discrimination	項目分析における，個人差を捉えられる程度のこと。代表的な手法にG-P分析がある。
—			
★★★★	実験群	experimental group	実験において，独立変数の操作が加えられた群。
p.80			
★★★	実験法	experiment	独立変数のみ異なり，剰余変数は統制された２群を用意し，従属変数の比較を行う手法。
p.24, 80			
★★★★★	質的研究	qualitative study	収集した情報を数量化処理せず，記述データとして分析する研究手法。
p.28			
★★★	質的変数	qualitative variable	分類を目的とした，等間隔性をもたない変数。
p.21, 51			
★★★	質問紙法	questionnaire	質問紙を配布しそこに記入を求めることで，データを集める手法。
p.26			
★☆☆	四分位偏差	quartile deviation	{上位25%の値（第３四分位数）－下位25%の値（第１四分位数）}÷2の値。中央値に対応する散布度。
p.58			
★★☆	尺度	scale	データの特徴に対して数値を対応させる基準のこと。
p.20			
★★★★★	尺度水準	scale level	データが表現する情報に基づいた数の分類。比率尺度・間隔尺度・順序尺度・名義尺度の４つに分類される。
p.20			
★★★	斜交回転	oblique factor rotation	単純構造に近づけるために，因子軸を１本ずつ自由に回転させること。因子間相関を認める形となる。
p.139			
★☆☆	主因子法	major factor method	因子負荷量の算出において，第１因子の寄与率が最も大きくなるように算出する手法。
p.138			

★★★★★	重回帰分析	複数の独立変数から1つの従属変数を予測することを	
p.148	multiple regression analysis	目的とした，多変量解析の手法の1つ。	
★★☆	重決定係数	重相関係数の2乗で，複数の独立変数が，従属変数の	
p.150	coefficient of multiple determination	変動のどれくらいを説明できるかを表す値。	
★★☆	重相関係数	回帰分析によって求められた予測値と，実測値との相	
p.150	multiple correlation coefficient	関係数。	
★☆☆	収束的妥当性	構成概念妥当性を，同じ構成概念を測定している心理	
p.43	convergent validity	検査との相関によって検討するもの。	
★★★★★	従属変数	測定される成分のことで，研究者が操作することはで	
p.81	dependent variable	きず，因果関係における結果に相当する変数。	
★★★★★	縦断研究	特定の個人を追跡調査し続けることによって，その発	
p.30	longitudinal study	達的変化を検討する手法。	
★★★	自由度	ある統計量において，自由に変わりうる要素の数。	
p.160	degrees of freedom		
★★★★	主効果	要因計画法における，1つの要因単独の効果。	
p.120	main effect		
★★☆	主成分分析	複数の測定変数を1つの主成分に合成することを目的	
p.137	principal component analysis	とした，多変量解析の手法の1つ。	
★★★★	順序尺度	質的変数のうち，大小関係をもつ変数。	
p.22	ordinal scale		
★★★	剰余変数	従属変数の変化に対して影響を与える可能性がある，	
p.82	extraneous variable	独立変数以外の変数のこと。	
★★★★	事例研究	ある個人のクライエントの変化を詳細に記録し検討す	
p.24, 29	case study	る研究。	
★☆☆	信頼区間	標本から推測される母集団の推定値の範囲。有意水準	
─	confidence interval	の設定により範囲は変化する。	
★★★★★	信頼性	測定値が偶然や測定誤差によって影響を受けない程度	
p.36, 41	reliability	を示す概念で，追試による安定性・一貫性のこと。	

す	★★★	水準	要因を質的に分類，あるいは量的に変化させた条件の	
	p.118	level	こと。	
	★★★	推測統計法	標本データを抽出して，そこから母集団全体を推測す	
	p.28, 84	inferential statistics	る手法。	
せ	★★★★	正規分布	完全に左右対称でつり鐘状の形をした分布。平均値・	
	p.59	normal distribution	中央値・最頻値がすべて同じ値を示す。	
	★★★	正の相関	ある変数の値が大きければ大きいほど，もう片方の変	
	p.70	positive correlation	数も大きくなる，という関連の強さを示すこと。	
	★★★	絶対原点	何も存在しないことを示す0のこと。	
	p.21	absolute origin		
	★★★	切断効果	集団の一部のみで相関係数を算出することで，相関係	
	p.75	cutting effect	数が変化すること。選抜効果ともよぶ。	

	★★★ p.38	折半法 split-half method	1つのテスト項目を等質な2群に折半し，両者の得点間の相関係数を算出する方法。
	★★☆ p.75	説明率 explanation rate	決定係数を百分率に変換した値。独立変数が，従属変数の変動の何％を説明できるかを表す値。
	★☆☆ ―	尖度 kurtosis	せんど。分布の尖り具合を表す値。基準値3を中尖とし，3未満の分布を緩尖，3を超える分布を急尖とよぶ。
そ	★★☆ p.85	層化抽出法 stratified sampling	母集団をあらかじめいくつかの層に分け，層それぞれの比率に応じて，標本抽出する手法。
	★★★★ p.72	相関関係 correlation association	2変数の共変関係のこと。原因と結果は特定されておらず，相関関係があっても因果関係があるとは限らない。
	★★★★★ p.68	相関係数 correlation coefficient	2つの変数の関連の強さを数量化した値。正式名称は「ピアソンの積率相関係数」。
	★☆☆ ―	相関係数の希薄化 attenuation of correlation	信頼性が低い尺度を用いると，相関係数も低くなりやすくなること。
た	★★★★★ p.96	第1種の誤り type I error	真である帰無仮説を棄却する誤りのこと。
	★★☆ p.96	第1種の過誤 type I error	第1種の誤りと同義。
	★★★★ p.81	対照群 control group	統制群と同義。実験において比較対照のために用意された群。
	★★★★★ p.97	第2種の誤り type II error	偽である帰無仮説を棄却しない誤りのこと。
	★★★★ p.52	代表値 measure of central tendency	データを代表するような値であり，平均値・中央値・最頻値の3つがある。
	★★★ p.94	対立仮説 alternative hypothesis	帰無仮説が棄却された時に採択される仮説。主に「差がある」「偶然ではない」といった内容が設定される。
	★★★★ p.151	多重共線性 multico linearity	独立変数間に強い相関がある場合，重回帰分析の結果に悪影響をおよぼすこと。
	★★★★ p.109	多重比較 multiple comparison	分散分析で帰無仮説が棄却された後に行われる，有意差の数と場所を特定するための事後検定。
	★★★★★ p.40	妥当性 validity	測定値が，測定したい心理的特性や行動をどの程度的確にとらえているか，その程度を表す概念。
	★☆☆ ―	ダブルバーレル質問 double-barreled question	1項目で，同時に2つの内容を問われており，回答者が混乱する質問のこと。「母は強くて優しいか」など。
	★★☆ p.152	多変量解析 multivariate analysis	複数の変数に関するデータから関係性を分析する統計手法の総称。因子分析，重回帰分析が代表的。
	★☆☆ ―	ダミー項目 dummy items	類似した項目の列挙を避けるためにあえて挿入されている，本来問うべき内容とは関連のない項目。
	★★★ p.144	単回帰分析 simple regression analysis	1つの独立変数の値から1つの従属変数の値を予測する際に用いられる分析。

	★★☆	探索的因子分析	因子数や因子負荷量を，探索的に検討していく因子分析。
	p.136	exploratory factor analysis	
	★★★	単純主効果	交互作用が有意となった場合に検討される，水準ごとの主効果のこと。
	p.123	simple main effect	
ち	★★★	中央値	データを大小順に並べた時，中央に位置する値。偶数個の場合は，中央2つの平均値を用いる。代表値の1つ。
	p.53	median	
	★★★	中心極限定理	データの度数を十分に多くした場合，標本抽出分布が正規分布に近似するという定理のこと。
	p.61	central limit theorem	
	★★★	直交回転	因子間相関を認めずに因子負荷量を単純構造に近づけるために，因子軸を直角に保ったまま回転させること。
	p.139	orthogonal factor rotation	
て	★★★★★	t 検定	2群の平均値の差が，誤差であるか有意差であるか検討する統計的仮説検定。
	p.104	t-test	
	★★☆	t 値	t 検定において，帰無仮説を棄却するか否かの判断に用いられる検定統計量。
	p.106	t-value	
	★★☆	定数	ある決まった値のみを示す数。円周率が代表例としてあげられる。
	p.21	constant	
	★★☆	適合度の検定	カイ2乗検定のうち，1種の観測度数と期待度数の適合度を検定すること。
	p.159	test of goodness of fit	
	★★☆	テューキー法	第1種の誤りを犯す確率が有意水準を超えないように設定された，多重比較の代表的手法。
	p.109	Tukey 's method	
	★★☆	天井効果	満点近くに得点が集中し，個人差が判別できなくなること。
	—	ceiling effect	
と	★★★	統計的仮説検定	標本で起こった状況が「偶然か」「偶然ではないか」に注目して，母集団でも起こりうるかを検定すること。
	p.92	testing statistical hypothesis	
	★☆☆	同時的妥当性	基準関連妥当性のうち，個人の現在の状態との関連を予測する視点で検討されたもの。
	p.43	concurrent validity	
	★★★★★	統制	交絡を防ぐために，独立変数以外の剰余変数をすべて偏りのない状態にすること。
	p.81	control	
	★★★★	統制群	実験において，独立変数の操作が加えられず，剰余変数はすべて統制されている群。
	p.80	control group	
	★★☆	独立性の検定	カイ2乗検定のうち，2種の質的変数に連関があるか否かを検定すること。
	p.159	test of independence	
	★★★★★	独立変数	研究者が実験で操作する成分で，因果関係における原因に相当する変数。
	p.80	independent variable	
	★★★★	度数	データの人数のこと。N を使って表す。
	p.156	frequency	
	★★★	度数分布表	度数の分布を一覧にした表のこと。階級の設定によって，どのような表になるか，変化する。
	p.48	frequency table	
な	★★★	内的整合性	項目の一貫性・等質性を表す概念。信頼性の指標として用いられる。α 係数が代表的。
	p.39	internal consistency	

	★★★★ p.80	内的妥当性 internal validity	独立変数と従属変数の因果関係が適切に示されている程度。剰余変数の十分な統制によって確保される。
	★★★ p.42	内容的妥当性 content validity	測定概念に関わる領域を，網羅できているか，という視点で検討された妥当性。
に	★★★★ p.120	2要因分散分析 two-way ANOVA	2要因を分割表で組み合わせた各平均値の差が，有意差か検討する統計的仮説検定。2元配置分散分析ともいう。
の	★★★★ p.156	ノンパラメトリック検定 nonparametric test	母集団の分布に関する仮定をもたない検定。カイ2乗検定が代表的。
は	★★★ p.53	外れ値 outlier	他の値と比べて極端に低かったり高かったりする値。平均±標準偏差×2（または3）を超える値が目安。
	★★★ p.112	パラメトリック検定 parametric test	母集団を正規分布と仮定するなど，母集団の分布に仮定をもつ検定。t検定や分散分析が代表的。
	★★★ p.139	バリマックス法 varimax method	因子軸の回転法の1つで，直交回転の代表的な手法。
ひ	★★☆ —	p値 p-value	帰無仮説が起こる確率値。統計的仮説検定で，この値が有意水準以下ならば帰無仮説は棄却される。
	★★★ p.119	被験者 subject	実験参加者のこと。近年は，実験参加者または研究協力者（participant）と記載することが推奨されている。
	★★★ p.119	被験者間要因 between subjects factor	水準間で被験者が異なる要因のこと。
	★★★ p.119	被験者内要因 within subjects factor	要因内のすべての水準が同じ被験者である要因のこと。
	★★☆ —	非参与観察 nonparticipant observation	ビデオカメラなどの映像機器を用いて客観的に観察する手法。倫理的配慮に注意。
	★★★ p.49	ヒストグラム histogram	度数の分布をグラフに表した図のこと。階級の設定によって，どのような図になるか，変化する。
	★★★★ p.62, 150	標準化 standardization	標準得点を求めることで，データを比較可能な状態にすること。
	★★☆ p.87	標準誤差 standard error	標本の大きさが母集団の大きさと異なることから生じる誤差を数値化したもの。
	★★☆ —	標準正規分布 standard normal distribution	平均値0，標準偏差1に標準化された正規分布のこと。
	★★★ p.63	標準得点 standard score	平均から標準偏差いくつ分離れているかを表す値。偏差÷標準偏差で表される。z値ともいう。
	★★★ p.149	標準偏回帰係数 standard partial regression coefficient	標準化された偏回帰係数のこと。各独立変数が従属変数に与える影響力の比較に用いる。
	★★★★★ p.58	標準偏差 standard deviation	散布度の1つ。正規分布の場合，平均±標準偏差の範囲に，全体の約68.3%が含まれる。SDと略されることも多い。
	★★★★ p.84	標本 sample	母集団を推測するために用いる集団の一部のこと。

★★★	標本抽出	母集団を推測するために，標本となるデータを集めること。	
p.85	sampling		
★★☆	標本抽出分布	複数回標本抽出を行った場合の標本平均値の分布のこと。	
p.61	sampling distribution		
★★★	標本の大きさ	標本を形成する個体の数（人数）のこと。n で表される。	
p.87	sample size		
★★★★	比率尺度	量的変数のうち，絶対原点をもつ変数。	
p.21	ratio scale		
★☆☆	比率の等質性の検定	カイ2乗検定のうち，2種の観測度数の分布比率が同じか検定すること。	
p.159	test of homogeneity of proportion		
ふ	★☆☆	φ係数	2×2 分割表でのみ用いることができる連関係数。−1〜＋1 までを示し，±1 に近いほど連関が強い。
	—	phi coefficient	
	★★★	負の相関	ある変数の値が大きければ大きいほど，もう片方の変数が小さくなる，という関連の強さを示すこと。
	p.70	negative correlation	
	★★☆	不偏分散	偏差の2乗の和÷（度数−1）で表される値のこと。標本から母集団を推測する際に用いる。
	p.163	unbiased variance	
	★★★	プロマックス法	因子軸の回転法の1つで，斜交回転の代表的な手法。
	p.139	promax method	
	★★☆	分割表	質的変数を行と列に分け，表に集計してまとめたもの。
	—	cross table	
	★★☆	分散	偏差の2乗の和÷度数で表される値のこと。データの散らばりを表す散布度の1つ。
	p.59	variance	
	★★★★★	分散分析	3群以上の平均値の差が，誤差であるか有意差であるか検討する統計的仮説検定。ANOVAと略されることもある。
	p.108	analysis of variance	
へ	★★★	平均値	データの総計を，度数の和で割った値（算術平均の場合）。代表値の1つ。
	p.52	mean	
	★★☆	平均への回帰	平均値より離れた値が計測された場合，次に計測される値は，より平均値に近い値になりやすいこと。
	p.146	regression toward the mean	
	★★★	平行テスト法	同じ集団に形式・難易度などが等質な2つのテストを同時実施し，得点間の相関係数を算出する方法。
	p.37	parallel text method	
	★★★	偏回帰係数	重回帰分析の結果求められた，各独立変数に対応した回帰係数のこと。
	p.148	partial regression coefficient	
	★★★	偏差	個々の得点と平均値の差のこと。
	p.62	deviation	
	★★★	偏差値	標準得点を，平均 50・標準偏差 10 となるよう変換した値。50＋標準得点×10 で表される。
	p.62	Z-score	
	★★☆	変数	様々な値に変動する数。ほとんどの数は変数に分類される。
	p.21	variable	
	★★★	偏相関係数	第3の変数の影響を取り除いた相関係数。
	p.74	partial correlation coefficient	

180

	★☆☆ p.43	弁別的妥当性 discriminant validity	構成概念妥当性を，理論的に相関が低いはずの心理検査との相関によって検討するもの。
ほ	★★★★ p.24	法則定立的研究 nomothetic study	人間の心や行動に関する普遍的で一般的な法則を導き出すことを目的とする研究。
	★★★★ p.84	母集団 population	研究の対象となる集団全体のこと。
む	★★★★★ p.85	無作為抽出 random sampling	母集団の特徴を偏りなくもつように標本抽出すること。
め	★★★★ p.22	名義尺度 nominal scale	大小関係をもたずに，純粋な分類のみを表す変数。
	★★★ p.26	面接法 interview	調査者が被調査者に直接質問して，口頭で回答を求める手法。
ゆ	★★★★ p.105	有意差 significant difference	偶然によって生じた差ではなく，統計的になんらかの意味をもつことが認められた差のこと。
	★★★★ p.94, 97	有意水準 level of significance	何％以下だった場合に帰無仮説を棄却するか判断する基準となる確率値のこと。
	★★☆ —	床効果 floor effect	0 点近くに得点が集中し，個人差が判別できなくなること。
よ	★★★ p.118	要因 factor	要因計画法における独立変数であり，従属変数に影響を与える原因となるもの。
	★★★★ p.116	要因計画法 factorial design	2 つ以上の要因を組み合わせた研究計画のこと。
	★☆☆ p.43	予測的妥当性 predictive validity	基準関連妥当性のうち，個人の未来の状態との関連を予測する視点で検討されたもの。
り	★★★ p.22	リッカート法 Likert scale	「あてはまらない—あてはまる」といった評価に対してそれぞれ得点を割り振ることで，評価を数量化する方法。
	★★☆ p.99	両側検定 two-tailed test	有意水準を半分ずつに分けて，棄却域を分布の両端に設定する検定。
	★★★★★ p.28	量的研究 quantitative study	収集した情報を数量化処理して分析する研究手法。
	★★★ p.21, 51	量的変数 quantitative variable	計量を目的とした，等間隔性をもつ変数。
	★☆☆ p.165	臨界値 critical value	統計的仮説検定において，検定統計量がいくつ以上の時に棄却域に入るのかを示す値のこと。
る	★☆☆ p.136	累積寄与率 cumulative contribution ratio	寄与率の合計。全体の変化がどの程度説明されているかを示す割合。
れ	★★☆ p.159	連関 association	質的変数同士の関連の強さのこと。
わ	★☆☆ —	歪度 skewness	わいど。分布が中心傾向からどれだけ散らばっているかを表す値。正なら右に，負なら左に散らばりが大きい。

おわりに

改めまして，こんにちは。河合塾 KALS の宮川です。
本書を手にとって下さり，誠にありがとうございます。

突然ではありますが，少し昔話をさせてください。
　僕が，まだ大学院受験を目指して心理統計を独学で学んでいた頃のことです。
ピアソンの相関係数について勉強していた僕は，思わずつぶやきました。
「ピアソン，すごすぎる…！」
　なぜ計算式によって2変数の関連の強さが明らかにできるのか，なぜすべての
相関係数が＋1〜−1の範囲に収まるのか，正の相関，負の相関がなぜ生まれる
のか…？　それらの「なぜ」の答えは，すべてピアソンが生み出した相関係数の
算出式に込められていました。このことがすべて理解できたその瞬間，まるで稲
妻が走ったかのような衝撃と感動を覚えたのです。

　それから，それなりの時が過ぎ，僕は心理系大学院の対策予備校・河合塾
KALS で教える仕事を始めました。そして，担当する講座の中に「心理統計学」
がありました。その時僕は，迷わず考えたのです。
「相関係数の意味を理解できた，あの瞬間の感動を，受講生と共有したい」

　相関係数の講義日です。相関係数の概要を伝えた後，僕は受講生たちにデータ
を渡し，こう告げました。
「さあ，みんなで相関係数を算出してみよう！」
　相関係数を手計算で算出することによって，その処理がなぜ2変数の関連を表
すのか，より深いレベルで実感できるに違いない。僕は，そう固く信じていました。
信じて疑わなかったのです。しかし，結果は真逆でした。多くの受講生は，煩雑
な手計算の処理に疲れ，途中で諦めてしまいました。最後まで処理を済ませた受
講生も，処理が完了したことに満足し，それ以上踏み込んで考える様子はありま
せんでした。それでも，僕は問いかけました。
「相関係数って，すごいと思いませんか？」
　明らかに薄い反応。いつもと違う，異質な雰囲気。あの教室の冷めた感じは，

今でも忘れられません。そこで僕は，突きつけられたのです。

「この講義は，ただの『感動の押し付け』に過ぎなかったのでは？」

相関係数という発想の素晴らしさ，統計という学問の面白さ，それを伝えることも，もちろん大切かもしれない。ただ，それは，本当に予備校の役割なのだろうか？　では，予備校に求められている役割とは何だ？

結論にたどり着くまでに，それほど時間はかかりませんでした。

「合格」

予備校に通う人が一番求めているものは，「合格のために何が必要か」。知的な感動や興奮は，あくまでスパイス。軸となるのは，合格のために必要な要素を整理し，より定着しやすい形で伝えていくこと。この日を境に，大学の講義の延長上で講義をしていた僕の授業が，やっと「予備校の講義」になったのです。

このエピソードは，僕が実際に体験したエピソードです。そして僕の「予備校講師」としてのアイデンティティを形成するのに大きく寄与した出来事でもあります。今回，執筆するにあたっても，この「予備校らしさ」は，常に意識しながら取り組みました。特に心理統計編では，鉄則10の中にできるだけ具体的なデータを伴う出題傾向分析を入れること，そして，できるだけ大学院入試の過去問を掲載し，学んだ知識がしっかり入試で生かされることを実感してもらうこと，この2点を重視しました。

本書の執筆期間のうちの約半分は鉄則10の中の出題傾向分析に当てています。全国のさまざまな大学院入試の問題に目を通し，傾向をまとめあげる作業はなかなかに骨の折れる仕事ではありましたが，その苦労に見合うデータを提供できたのではないかと自負しています（やっぱり計算問題は少なかった！　ということが明らかになった時に，ホッとしました。今までの指導は間違っていなかった（笑））。

また，全国の問題に目を通す中で，各大学の教授が受験生のために練り上げたさまざまな良問に出会いました。本書は，大学からの掲載許諾が頂けた問題のみ掲載しているので，残念ながら紹介できなかった良問もたくさんあります。それでも，かなり多くの大学院入試問題を掲載することができました。入試問題の掲載を快諾して下さった各大学のご担当者様，問題を作成された先生方，そして掲

載許諾を得るために各大学に何度も問い合せて下さった講談社サイエンティフィクの三浦様に，重ねて御礼申し上げます。

今回の「心理統計編」は，その内容の性質上，イラストをとにかく多めにするということも決めていました。そしてそのイラストは，僕の高校の同級生であり，今でも続く飲み仲間でもあり，名古屋から京都まで一緒に無計画な自転車旅行（！）に行ってしまう仲間でもある，かわい君にお願いすることができました。分量・内容ともになかなか大変なオーダーだったと思いますが，期待以上にわかりやすくて可愛いイラストを用意して頂き，とても満足しています。また，高校の同級生とこうやって1つの本を完成させられたという事実が，何よりもうれしいです。かわい君にも，重ねて御礼申し上げたいと思います。

さて最後に。冒頭の話に戻ってきますが，僕が「予備校講師」として「合格」の他に強く意識していることが，もう1つあります。そのことを表す，僕の好きな言葉を引用します。

「主観的では，事実が伝わらない。
客観的では，想いが伝わらない。」

主観的すぎる話は，話者の主観によって事実が歪められている可能性がある。客観的すぎる話は，淡々としていて，味気ない。ですから講義は，「主観と客観のバランス」を特に意識しています。あとがきの冒頭で「知的な感動や興奮は，あくまでスパイス」と述べましたが，逆にいえば，上手にスパイスが効いているから美味しい，ともいえます。講義は，主観と客観が見事なバランスで成立していてはじめて，本当に人を惹きつける話になる，と僕は信じています。

ですがこういった書籍では，どうしても事実の正確さ，つまり客観性が求められます。イラストでキャラクターたちに語らせることで，多少の「想い」をのせることはできますが，やはり限度があります。

そこで，この本を手にとって下さった方へ。もし機会があれば，ぜひ河合塾KALSにお越しください。そこには，本にはなかなか載せられない，講師たちの熱い「想い」があります。客観的な事実を，講師たちの主観的な想いも交えながら，

彩り豊かに理解を深められることが，書籍では体験できない講義の魅力です。
　もちろん僕も，この本を読んでくださった皆さんと会えることを楽しみにしています。「心理学編」などの感想も，ぜひお聞かせください。機会があれば河合塾KALSで皆さんとお会いできることを，心より楽しみにしています！

2018年6月
河合塾KALS　宮川 純

監修者

河合塾 KALS

河合塾グループの㈱KEI アドバンスが主宰する，大学生・社会人を主対象
としたキャリア予備校。公認心理師・臨床心理士をはじめとする大学院入
試対策，大学編入・医学部学士編入試験対策などの進学系講座を中心に，
キャリア実現に向けた幅広いサポート・サービス提供を行っている。

著 者

宮川 純

2005 年　名古屋大学大学院教育発達科学研究科心理発達科学専攻博士課程
　　　　前期修了
現　　在　河合塾 KALS 講師（担当：心理学概論，心理学，心理統計学，研
　　　　究計画書）

NDC140　　191p　　21cm

公認心理師・臨床心理士大学院対策
鉄則10 & キーワード25　心理統計編

2018 年 7 月 20 日　第 1 刷発行
2022 年 9 月 14 日　第 7 刷発行

監修者　河合塾 KALS
著　者　宮川　純
発行者　髙橋明男
発行所　株式会社　講談社
　　　　〒112-8001　東京都文京区音羽 2-12-21
　　　　　販　売　(03) 5395-4415
　　　　　業　務　(03) 5395-3615

KODANSHA

編　集　株式会社　講談社サイエンティフィク
　　　　代表　堀越俊一
　　　　〒162-0825　東京都新宿区神楽坂 2-14　ノービィビル
　　　　　編　集　(03) 3235-3701

本文データ制作　株式会社エヌ・オフィス
印刷・製本　株式会社ＫＰＳプロダクツ

落丁本・乱丁本は，購入書店名を明記のうえ，講談社業務宛にお送りくだ
さい。送料小社負担にてお取替えいたします。なお，この本の内容につい
てのお問い合わせは，講談社サイエンティフィク宛にお願いいたします。
定価はカバーに表示してあります。

© Jun Miyagawa, 2018

本書のコピー，スキャン，デジタル化等の無断複製は著作権法上での例外
を除き禁じられています。本書を代行業者等の第三者に依頼してスキャン
やデジタル化することはたとえ個人や家庭内の利用でも著作権法違反です。

JCOPY　《㈳出版者著作権管理機構 委託出版物》

複写される場合は，その都度事前に㈳出版者著作権管理機構（電話 03-5244-
5088, FAX 03-5244-5089, e-mail: info@jcopy.or.jp）の許諾を得てください。

Printed in Japan

ISBN 978-4-06-512382-9